新时代高职院校产教融合策略与实践研究

卢立红 著

北京工业大学出版社

图书在版编目（CIP）数据

新时代高职院校产教融合策略与实践研究 / 卢立红著. — 北京：北京工业大学出版社，2021.10 重印
ISBN 978-7-5639-6952-4

Ⅰ.①新… Ⅱ.①卢… Ⅲ.①高等职业教育－产学合作－研究－中国 Ⅳ.①G718.5

中国版本图书馆 CIP 数据核字（2019）第 185323 号

新时代高职院校产教融合策略与实践研究

著　　者：卢立红
责任编辑：郭志霄
封面设计：点墨轩阁
出版发行：北京工业大学出版社
　　　　　（北京市朝阳区平乐园 100 号　邮编：100124）
　　　　　010-67391722（传真）　　bgdcbs@sina.com
经销单位：全国各地新华书店
承印单位：三河市元兴印务有限公司
开　　本：710 毫米 ×1000 毫米　1/16
印　　张：12
字　　数：240 千字
版　　次：2021 年 10 月第 1 版
印　　次：2021 年 10 月第 2 次印刷
标准书号：ISBN 978-7-5639-6952-4
定　　价：45.00 元

版权所有　　翻印必究

（如发现印装质量问题，请寄本社发行部调换 010-67391106）

前 言

当下产教融合校企合作缺少的不是资金,不是合作的对象,而是治理体系和治理能力。怎样从根本上解决这一问题,一直以来都是高等职业教育研究的难点。

在不断探索与实践中,新时代的产教融合应该以学校、企业、社会市场契约化为纽带,形成内在的融合,学校通过园区化建设,使学校的教学平台与企业的生产性平台融为一体,实现"产"与"教"过程的融合,学校与企业共同发展,形成利益多赢的局面,促进人才培养质量的提高。校企一体化模式具有参与主体多样性的特点,参与主体有学校、行业企业、社会、学生等,因此,其人才培养质量的评价主体也是多重的。通过构建产教融合校企一体化质量评价体系,实现自我评价与第三方评价相结合,促进人才培养质量的提高。

本书第一章对现代职业教育概论、高职教育特色论及新时代职业教育体系进行了阐述;第二章介绍了新时代高职院校产教融合的基本建设;第三章对新时代高职院校产教融合的程序与内容进行了分析;第四章对影响高职院校产教融合的因素进行了分析;第五章对高职院校产教融合中存在的问题与对策进行了阐述;第六章对新时代高职院校产教融合的长效运行机制建设进行了分析;第七章对新时代高职院校产教融合的教学创新进行了分析。

为了保证内容的丰富性与研究的多样性,在成书过程中作者参阅了大量相关的文献资料,并从中获得了很多的启示。另外,由于知识、时间和精力的限制,书中难免会有遗漏和不当之处,敬请各位读者不吝赐教!

目 录

第一章 绪 论 ·· 1
   第一节 现代职业教育概论 ·· 1
   第二节 高职教育特色论 ·· 14
   第三节 新时代职业教育体系 ·· 29

第二章 新时代高职院校产教融合的基本建设 ·· 37
   第一节 基本制度建设 ·· 37
   第二节 组织结构建设 ·· 42
   第三节 岗位职责要求 ·· 44
   第四节 学生管理要求 ·· 47

第三章 新时代高职院校产教融合的程序与内容 ······································ 53
   第一节 新时代高职院校产教融合的程序 ······································ 53
   第二节 新时代高职院校产教融合的内容 ······································ 60

第四章 影响高职院校产教融合的因素分析 ·· 75
   第一节 主体因素分析 ·· 75
   第二节 环境因素分析 ·· 83
   第三节 相关机构因素分析 ·· 97
   第四节 各主体影响因素之间的关系 ·· 100

第五章 高职院校产教融合中存在的问题与对策 ···································· 105
   第一节 高职院校产教融合中存在的问题与原因 ·························· 105
   第二节 解决高职院校产教融合问题的对策 ································ 114

第六章　新时代高职院校产教融合的长效运行机制建设 ……………… 133
第一节　"双师"交流机制 …………………………………………… 133
第二节　校企实践基地共建机制 ……………………………………… 137
第三节　校企双向服务机制 …………………………………………… 139
第四节　产教融合就业机制 …………………………………………… 144
第五节　产教融合激励机制 …………………………………………… 148

第七章　新时代高职院校产教融合的教学创新 ……………………… 159
第一节　新时代高职院校产教融合的专业建设 ……………………… 159
第二节　新时代高职院校产教融合的课程建设 ……………………… 168
第三节　新时代高职院校产教融合的师资队伍建设 ………………… 174

参考文献 ………………………………………………………………… 185

第一章 绪 论

现代职业教育是适应 21 世纪经济、社会发展需要的现代教育中的一种教育类型。现代职业教育的发展是现代产业结构调整、现代劳动力市场的"晴雨表",已成为促进新世纪全面小康社会发展的关键。加快发展现代职业教育,建立与现代产业相匹配的职业教育体系,有利于加速我国经济发展方式的转变。现代社会发展需要依靠广大劳动者素质的提高和科学技术的进步,需要培养生产、管理、服务等领域广泛的技术应用型人才和熟练的劳动者。

第一节 现代职业教育概论

一、职业与职业教育

现代职业教育是实现我国经济社会发展战略任务的驱动器,是促进劳动者高质量就业的重要途径。

(一)职业

人类社会由于生产的发展,劳动逐渐复杂化,于是产生了社会分工。但是在原始社会早期,社会生产力极其落后,人类战胜自然的力量非常弱小,必须依靠集体的力量获得生存,那时人们是集体劳动,为了生存人们会从事各种劳动,并且从事的都是非固定性的工作。当农业与畜牧业逐渐分离后,社会生产力的发展使劳动者相对地开始从事某种固定性的工作,这种工作就是早期职业的萌芽。社会分工促成了职业的形成。

在我国,职业一词最早见于《国语·鲁语》:"昔武王克商,通道于九夷百蛮,使各以其方贿来贡,使勿忘职业。"《荀子·富国》中也有"职业"一词:"事业所恶也,功利所好也,职业无分,如是,则人有树事之患而有争功之祸矣。"这里的"职业"是指官事和士、农、工、商四民之常业。职业作为一个现代专用名词,由于视角不同,人们对它的界定也略有差异。

马克斯·韦伯从个人能力的角度将职业定义为：一个人能力的详细罗列、专业化和组合的方式。查贝克则认为，职业指的是在工作组织不断变化的过程中所产生的专业化形式，个人为了谋生不得不去从事某项职业。国内有学者认为，职业是参与社会分工，利用专门的知识和技能创造物质财富和精神财富，获得合理报酬，满足物质生活、精神生活的工作。

《教育大辞典》将职业定义为：职业是指个人在社会中所从事的，并以其为主要生活来源的工作的种类。百度百科将职业定义为：职业是性质相近的工作的总称，通常指个人服务社会，并作为主要生活来源的工作。

不论作哪种解释，职业关乎生活来源，需要付出劳动，服务社会，这种劳动和服务需要一定的知识或者技能，这就是职业的特性。随着这种特性的改变，职业也相应地发生着改变。数千年来，随着社会的发展变化，各种新的职业不断出现，也有千千万万旧的职业不断消失。现代社会中，劳动者为了快速适应社会劳动的需要，有目的地提前接受有关职业工作的知识或者技能，教育对职业产生了重大的影响。

依据《中华人民共和国劳动法》的规定，"国家确定职业分类，对规定的职业制定职业技能标准。实行职业资格证书制度"，劳动和社会保障部、国家质量技术监督局和国家统计局联合组织编制的《中华人民共和国职业分类大典》，将我国职业分为 8 个大类，66 个中类，413 个小类，1838 个细类。其中有 87 个职业要求实行就业准入制度。

（二）职业教育

1. 教育

教育，是教育学的一个基本概念。英文表达为"education"，源于拉丁语"educere"。原意是采取一定的手段，使潜藏于人内在的东西发挥出来，即将潜质演化为外在的、现实的能力表现。中国古文献中，"教育"一词最早见于《孟子·尽心上》："得天下英才而教育之，三乐也。"东汉许慎《说文解字》将教育解释为："教，上所施，下所效也；育，养子使作善也。"

我国学者一般将教育分为广义和狭义两个层面来定义。广义的"教育"指一切增进人们知识技能，影响人们思想品德的活动；狭义的"教育"主要指学校教育，指教育者根据一定的社会或阶级的要求，有目的有计划地对受教育者的身心施加影响，把他们培养成为一定社会或阶级所需要的人的活动。欧美学者一般将"教育"等同于个体学习或发展过程。如特朗里编著的《英汉双解英语词典》，其把"教育"解释为：成功地学习知识、技能与正确态度的过程。

这里所学的应值得学习者为之花费精力与时间，学习方式则一般应使学习者能通过所学习的知识表现自己的个性，并将所学的知识灵活地应用到学习时自己从未考虑过的境遇和问题中去。斯普朗格认为，教育是个体在文化的影响下所受到的统一的、分阶段的能力培养。通过教育个体可获得进行文化活动的能力，从而能为丰富文化做出贡献。哈贝马斯则认为，教育即人的社会化整个过程的一个基本的出发点，就是要改变（不合理的、非平等对话原则的）自我及社会现状。

2. 职业教育的内涵

我国早期马克思主义教育理论家杨贤江指出，自有人生，便有教育。教育对人类而言，自有人类存在便产生了教育；对个体而言，与生俱来，与生而止。我国近现代著名民主主义教育家、中国近代职业教育创始人、中华职业教育社发起人黄炎培认为："用教育方法，使人人依其个性，获得生活的供给，发展其能力，同时尽其对群之义务，此种教育名曰职业教育。"并将职业教育的要旨归结为：为个人谋生之准备；为个人服务社会之准备；为世界、国家增进生产力之准备。

《辞海》（2000年版）"职业教育条"将职业教育界定为"给予学生或在职人员从事某种生产、工作所需要的知识、技能和态度的教育"。这一界定来源于"教育是为生活做准备"的思想，即教育工具论。联合国教科文组织（UNESCO）公约对职业教育与培训的定义也与此具有相似性，即："包括教育过程的各种形式和各种层次，它除了一般知识的传授外，还涉及技术和相关科学知识的学习，以及对于社会生活和经济生活息息相关的实用技能、专业知识、态度和看法的掌握。"

近年，国内学者也有将职业教育定义为：职业教育就是在一定普通教育的基础上，对社会各种职业、各种岗位所需要的就业者和从业者所进行的职业知识、技能和态度的职前教育和职后培训，使其成为具有高尚的职业道德、严明的职业纪律、宽广的职业知识和熟练的职业技能的劳动者，从而适应就业的个人要求和客观的岗位需求，推动生产力的发展。这一概念使职业教育从单纯的工具论发展到了兼顾教育的价值功能，兼顾"教育即生活"。职业教育除知识、技术、技能外，还特别注意学习者素养、品质的养成。

二、我国职业教育发展回顾

（一）我国近代职业教育的兴起

我国现代教育意义上的职业教育肇始于近代，是在近代西方教育思潮的影响下，因应近代工业化发展的需要逐渐兴起的。"职业教育"这一概念的使用，据刘桂林《中国近代职业教育思想研究》所述，最早出现于1904年，为当时的山西农林学堂总办姚文栋多次使用。

在职业教育理论探索和建设方面，职业教育思潮萌生于19世纪60年代，到民国初年达到高潮，并初步形成了我国的实业教育制度，蔡元培将实利主义列入教育方针。与此同时，陆费逵指出，中国教育在国民教育、职业教育、人才教育三方面亟须改进，其中尤以职业教育、人才教育为急。其后，黄炎培发表《学校教育采用实用主义之商榷》一文，提出教育与学生生活、学校与社会实际相联系，发起成立了中华职业教育社。1915年起，全国教育联合会多次提出推行职业教育的议案。1918年中华职业教育社在上海创办中华职业学校。

这一时期的职业教育思潮对1922年新学制产生了重大影响，并最终促成吧职业教育制度的建立。1922年新学制增强了职业教育，在中学开设了各种职业科，中学高级段分设了普通科和职业科，职业科分农、工、商、商船四类。至20世纪30年代前后，职业教育制度进一步得到了调整，其后因日本侵华战争全面爆发而趋于消沉。我国近代职业教育的发展主要表现在初等职业教育和中等职业教育方面，高等职业教育尚未建立。

（二）新中国职业教育的初步发展

新中国成立以后，我国老一辈无产阶级革命家毛泽东、刘少奇、周恩来等十分关注职业教育的发展。刘少奇针对我国教育发展的实际情况提出了"实行两种劳动制度，两种教育制度"的思想，提出"半工半读"的主张，促进了我国职业教育的发展。1966年到1976年期间，我国职业教育的发展受到了严重的影响。改革开放后，职业教育的发展得以恢复。

随着改革开放的深入，我国社会经济获得了快速的发展，尤其是工业现代化和中国制造高速发展的需要，促使人们对职业教育的认识也发生了变化，正值国家建设需要大量技术、技能人才，所以促使职业教育进入了高速发展期。这一时期，中等职业教育的发展尤为显著。

1985年，《中共中央关于教育体制改革的决定》的发布是职业教育发展发生重大转变的关键点。1991年《国务院关于大力发展职业技术教育的决定》和

1993年中共中央、国务院发布的《中国教育改革和发展纲要》为我国《中华人民共和国职业教育法》的制定奠定了基础，也为我国职业教育走上法制化道路奠定了基础。

这一阶段职业教育发展的一个显著变化是，职业类学校数量和学生人数大量增加。姜大源认为，这一阶段的中国职业教育具有三个显著特征：一是中等职业教育占高中阶段的比例，1996年左右曾达到创纪录的58%；二是高等职业教育萌芽于这一时期，首批职业大学开始建立；三是中国第一部《职业教育法》于1996年颁布并实施。

（三）近20年职业教育高速发展

20世纪90年代中期以后，职业教育得到了高速发展。1998年，高中阶段职业教育（包括职业高中、普通中等专业学校、技工学校、成人中等专业学校）招生530.03万人，在校生1467.87万人，分别占高中阶段招生和在校生总数的56.96%和60.02%，达到了高中阶段职业教育的高峰。该年度的高等专科学校和职业技术学院有432所。

1999年高校扩招工作顺利完成，高等教育的招生人数大幅度增加，高等本专科教育共招生275.45万人，其中普通本专科招生159.68万人，比上年增长了47.4%。2012年，全国中等职业教育（包括普通中专、成人中专、职业高中和技工学校）共有学校12663所，招生754.1万人，在校生2113.7万人，高中阶段教育招生普职比为52.8∶47.2，普通高中与中职的比例结构较为合理。高职（专科）院校1297所，普通专科招生314.8万人，本科和专科招生之比为54.3∶45.7，普通本科、高职（专科）在校生达2391.3万人。高等教育普及水平进一步提升，毛入学率达到了30%。

近20年职业教育的高速发展，为我国现代化建设输送了大量高素质、高技能的生产、服务、管理第一线人才。这一阶段，我国现代化建设进入了一个全新的发展时期，与经济发展直接相关的职业教育得到了国家的高度重视。2005年，国务院发布了《国务院关于大力发展职业教育的决定》。

根据党的十七大关于"优先发展教育，建设人力资源强国"的战略部署，2010年中共中央发布了《国家中长期教育改革和发展规划纲要（2010—2020年）》，大力培养高技能人才。2014年5月发布了《国务院关于加快发展现代职业教育的决定（国发〔2014〕19号）》，针对"当前职业教育还不能完全适应经济社会发展的需要，结构不尽合理，质量有待提高，办学条件薄弱，体制机制不畅"的现状提出了"加快发展现代职业教育"的要求。

近20年来，我国采取了一系列措施来实施职业教育示范性院校建设、职业教育实训基地建设、国家技能型人才培养培训工程、国家农村劳动力转移等政策，使我国职业教育得到了快速发展，教育质量快速提高，中国特色的职业教育逐渐形成。

三、现代职业教育发展环境

（一）我国社会经济高速发展，需要大力发展职业教育

2013年我国国内生产总值达到了56.9万亿元，经济总量从世界第六位跃升到了第二位，社会生产力、经济实力、科技实力迈上了一个大台阶。中国特色新型工业化、信息化、城镇化、农业现代化局面正在形成，信息化与工业化得到了深度融合，以人为核心的新型城镇化工作已经全面启动。

创新型国家建设成效显著，载人航天、探月工程、载人深潜、超级计算机、高速铁路等实现了重大突破。当前我国正处于社会主义现代化的关键阶段，为实现国家富强、民族振兴、人民幸福的中国梦，需要加快发展工业化、信息化、市场化、城镇化，转变经济发展方式，促进产业结构调整和转型升级，这迫切需要培养大批技能型、应用型人才，因此必须更加重视和加强职业教育，大力提高职业教育的质量和水平。

加快产业结构调整，推动战略性新兴产业、先进制造业的健康发展，加快传统产业的转型升级，推进城乡发展一体化。设立新兴产业创业创新平台，在新一代信息技术、先进制造、新能源、新材料等方面赶超先进，引领未来产业发展。大力发展现代服务业，优先发展生产性服务业，促进文化创意和设计服务与相关产业的融合发展，加快发展保险、商务、科技等服务业，促进信息化与工业化深度融合，推动企业加快技术改造。

产业结构的调整、科学技术的发展、职业岗位的变动都是影响职业教育生存与发展的重要因素。职业教育必须满足产业发展的需求，随着产业、行业企业技术含量的日益提高，其对劳动者综合素质的要求也不断提高。

但在劳动力供给和需求市场上，却存在着严重的产业需求不足与就业困难的矛盾，这种矛盾并非劳动力总量不足导致的，而是劳动力供给结构与产业需求结构的矛盾。一方面，技术工人总量不足、年龄与知识结构不合理、技师和高级技师断档；另一方面，大学生找不到工作，农村劳动力剩余，严重制约了产业和企业的发展，成了社会经济发展的瓶颈。

随着产业结构调整和科学技术的发展，社会对职业技能的要求会越来越高，

职业岗位的变动会更加频繁，劳动力供求的结构性矛盾将更加突出，技能型人才供不应求的矛盾也将进一步加剧。劳动力市场的新矛盾对现代职业教育的发展提出了新要求、新使命，为职业教育的大力发展提供了新的契机。职业教育只有主动应对产业市场的需求，主动服务从业者职业资格及其职业能力的动态变化，才能适应市场经济的潮流，培养出满足社会需求的、全面发展的、具有创新精神的职业人才，才能办出人民满意的教育。

（二）国家高度重视现代职业教育的发展

党的十七大提出，要优先发展教育，建设人力资源强国，大力发展职业教育，健全面向全体劳动者的职业教育培训制度。十八大进一步提出"加快发展现代职业教育，推动高等教育内涵式发展"，将职业教育提升到了国家发展战略的高度。

我国正处于全面建设小康社会的关键时期，尤其是高技能人才在增强国家自主创新能力，提升产业技术水平方面，具有不可替代的重要作用，因此，必须把教育事业放在优先发展的战略地位。

职业教育是培养技术技能型人才的摇篮，是提高劳动者素质的基地，党中央、国务院高度重视发展职业教育，大力推进职业教育发展，支持各级各类职业教育办出特色，办出效益。

《中共中央关于教育体制改革的决定》首先提出要"大力发展职业技术教育"，提出"发展职业技术教育要以中等职业技术教育为重点，同时积极发展高等职业技术院校"，这是我国职业教育发展的一次重大转折，《中华人民共和国职业教育法》则奠定了职业教育在国民教育中的法律地位。

《国家中长期教育改革和发展规划纲要（2010—2020年）》提出要大力发展职业教育，对职业教育的发展做出了长远规划，认为"发展职业教育是推动经济发展、促进就业、改善民生、解决'三农'问题的重要途径，是缓解劳动力供求结构矛盾的关键环节，必须摆在更加突出的位置"。"到2020年，形成适应经济发展方式转变和产业结构调整要求、体现终身教育理念、中等和高等职业教育协调发展的现代职业教育体系。"

要求政府切实履行发展职业教育的职责，把职业教育纳入经济社会发展和产业发展规划，提高技能型人才的社会地位和待遇。《国务院关于加快发展现代职业教育的决定（国发〔2014〕19号）》进一步强调要深化体制机制改革，统筹发挥好政府和市场的作用，加快现代职业教育体系建设，确立"政府推动、市场引导"的原则，"强化省级人民政府统筹和部门协调配合"。

（三）经济全球化给职业教育发展带来的新机遇

经济全球化以及科技革命新浪潮给我国发展提供了巨大动力和机遇。经济全球化给各国的发展带来了新的机遇，世界经济国际投资的迅速增长，带来了资本的国际化，对外贸易成为国际交往中最为活跃的环节和各国经济发展中不可缺少的组成部分，促进了市场的国际化，国际金融交易大大超过世界生产、商品交易和服务贸易，成了国际交往的重要组成部分。

新科技革命的影响加深，经济信息化加速发展。科学技术是世界经济发展、人类历史进步的主要动力。它改变了世界经济增长的方式，引发了世界范围内的产业结构调整，加深了国际分工，加强了世界各国的经济联系，推动了经济全球化趋势。它在创造新产品、新产业的同时，也改造了旧产品、旧产业，促进了生产力的发展，改变了人们的消费结构、生活方式，提高了一些国家的经济实力。

尤其是以数字化和网络化为特征的信息技术的飞速发展使全球经济增长方式发生了根本性的变化。知识逐渐取代自然资源成为经济增长的第一要素；高技术产业逐渐超过传统产业成为国民经济的第一支柱。21世纪的社会是全面信息化的社会，随着现代信息技术、网络技术在各方面的广泛应用，信息产业得到了高速增长。经济全球化、新科技革命和信息化为现代职业教育的发展提供了动力，带来了新的发展机遇。

（四）现代职业教育发展面临的主要问题

我国职业教育尤其是高等职业教育，在近十余年发展速度非常快，所取得的成效也非常显著，初步形成了具有中国特色的职业教育体系。但是随着社会主义市场经济的高速发展及现代化，我国职业教育也面临着新的困难和挑战。

问题在于，一方面要转变社会观念。社会上有些人不把职业教育当作正规教育，认为上职业学校低人一等。另一方面也要研究具体的引导办法，增强职业教育的吸引力，包括加大职业教育投入等，要认真研究职业教育管理体制，充分调动行业、企业、学校兴办职业教育的积极性。

第一，受传统文化"学而优则仕"观念的影响，职业教育受歧视的现状难以改变。技能人才的社会地位、福利待遇、社会保障程度较低，分配机制不够合理，与普通教育相比，职业教育的生存环境有待改善。

第二，职业教育投入仍然不足，投入体制需进一步理顺，国家对职业教育经费的投入需要加强。投入不足会直接影响职业院校的办学条件，一些经济落后省份的职业院校教学设备陈旧，严重影响了职业教育的正常发展。

第三,职业教育管理体制机制不顺畅,多头管理,政出多门,资源分散。职业资格制度混乱,甚至出现了"同一专业岗位对应的职业资格证书过多,不同的政府部门开设不同的资格证书考试,认证标准各不相同"的现象。

第四,校企合作、工学结合两张皮的问题难以解决。校企合作企业积极性不高,学生学习困难,企业与学校责、权、利不明确,相关法律法规保障不完善,难以深度合作。企业的宗旨首先是盈利,在校企双赢机制不健全的情况下,校企合作的利益难以协调,企业单方面的资助行为难以长久。

第五,职业教育和普通教育沟通不畅,中、高职衔接不畅。职业教育作为一种类型,从中职到大专、本科层次的发展空间尚未打通,职校学生没有升学通道。职业教育是一种终结性教育,这成了学生报考职校的最大顾虑。

第六,师资力量不足,尤其是双师型教师不足。高职教育规模扩张过快,教师数量不足,教师本身承担着过多的教学任务,且学生人数又多,直接影响着教学质量。同时,无论是中职还是高职,教师专业实践技能都有待提高,教师的课程理念还跟不上课程改革的发展,局限于从事学科课程的教学,缺乏必要的工作岗位实践经验。有的学校实训课程开设不足,实训课程占学习课程比例较少,学生得不到应有的操作训练,职业能力的培养质量不高。

第七,农村职业教育发展缓慢。农村职业学校发展规模不能完全满足农村经济社会发展的需要,农村职业学校办学条件、办学水平相对城市职业学校较差,师资队伍力量薄弱。

四、现代职业教育的理念与特点

(一)现代职业教育的理念

职业教育理念是人们对职业教育科学发展的一种理性认识,是办学者和参与者职业教育思想的体现,也是职业院校办学、教育教学的指导方针,对学校教育改革发展具有重要的影响作用。

不同的职业学校和教育者、研究者,从各自的视角提出了多种多样的教育理念,如有的学者提出了职业教育现代化、市场化、产业化、素质化、终身化理念,有的提出了人本教育理念、选择教育理念、职业教育理念、能力本位教育理念等,仁者见仁,智者见智,但关键还是理念与教育实践的有机结合,理念要能付诸实际。职业教育理念随着社会经济发展、产业的转型升级、职业岗位能力变化而不断地发展变化,教育理念是一个动态的、发展的概念。

1. 职业教育终身化

终身教育是时代发展的需要。自20世纪60年代中期以来，在联合国教科文组织等国际组织的大力提倡、推广之下，知识经济和网络时代的需要使得终身教育深入人心，并成为各行各业自身发展和适应职业需求的生存之道。学校教育是一种阶段性教育，普通教育是一种职前教育，而与终身教育息息相关的教育就是职业教育，职业与生存的需要使学习成了人们的一种基本的生活方式和发展方式，有力地推动了现代职业教育的发展。

终身教育从被保罗·朗格朗提出以后，建立全民参与的终身教育体系就已成为世界教育发展的一部分。法国于1971年制定了《终身职业教育法》，将终身教育与职业教育合而为一，作为成人教育的法律依据。美国于1976年制定并颁布了《终身学习法》，并在联邦教育局设立了终身教育局，作为国家对终身教育的管理机构。

日本于1988年在文部省设立了终身学习局，1990年，国会颁布实施了《终身学习振兴法》，并在文部省设立了终身学习审议会，同时要求地方政府依法设立专门的行政机构，制定终身学习振兴计划。江泽民同志说过："当今时代，是要求人们必须终身学习的时代。学习一切反映当代世界发展的新知识，学习做好工作所必需的一切知识。"

21世纪科学技术突飞猛进，信息技术改变了人们的学习空间和方式，如慕课就是借助于开放网络资源综合起来的一种在线课程模式，是一种大规模的网络开放课程，它将分布于世界各地的授课者和学习者通过开放式网络平台联系起来，形成了一种便利的、自由的、开放的终身学习模式。

我国通过开展社区教育、成人教育、职业培训等，大力推动终身教育，以适应社会的现代化发展水平。同时，转变我国经济发展方式和发展现代产业体系，还需要建立终身教育体系，以促进职业教育的可持续发展，促进劳动者适应职业技能的发展变化。

《国家中长期教育改革和发展规划纲要（2010—2020年）》要求构建体系完备的终身教育，"学历教育和非学历教育协调发展，职业教育和普通教育相互沟通，职前教育和职后教育有效衔接"。"到2020年，形成适应经济发展方式转变和产业结构调整要求、体现终身教育理念、中等和高等职业教育协调发展的现代职业教育体系。"

2. 职业教育社会化

社会化是人从自然人到社会人、从生物属性到社会属性的转化过程，是社会通过各种方式使人习得社会行为规范并内化为个体的行为、价值观念，成为社会人的过程。社会化包括社会对个体的教化和个体社会成员的相互学习两个方面，是心理学、教育学的重要概念。

人的社会化对传递人类文化、增进人的生存技能、促进社会的发展具有重要意义。美国人类学家米德将社会化分为三种模式：后喻文化、前喻文化和同喻文化，米德的研究对教育社会学理论的发展产生了重大影响。在社会化过程中，教育起了极其重要的作用，可通过教育传递人类文化经验、社会规范、道德意识。

教育社会化就是系统地对个体进行有关生产与生活基本知识和基本技能的传授，授以社会行为规范，确定人生目标，培养人的社会角色。

职业教育是一种终身教育，包括职前、职中、职后三阶段，从单一的学校教育延伸到整个社会，实现教育的社会化。职业教育受众范围十分广泛，包括在校学生、在职员工、下岗人员、农村人员，从年龄视角可分成年人、未成年人，且教育需求具有多样性，包括全日制教育、岗位培训、继续教育或就业培训等，是社会性最为广泛的教育。

职业教育社会化的内涵包括保障全体社会成员有平等接受职业教育与培训的机会，为失业者和处境不利人群提供各种正规和非正规的技术和职业培训，促进终身教育和社区教育，为社会成员提供有效的职业指导与咨询。职业教育社会化是现代工业社会发展的必然要求，也是世界上许多国家发展职业教育的成功经验，是当代职业教育的重要发展趋势。

职业教育社会化的特征主要体现在以下几个方面。

（1）职业教育内容的社会化

职业教育必须使受教育者获得某种职业或生产与生存的技能，其知识和技能的构成必须是与社会经济生活紧密关联的、有实用性的。

（2）职业教育方式、手段、途径的社会化

职业教育的实践性、实用性要求职业教育的教学必须与实践相结合，加强校企合作、工学结合或半工半读，为企业服务，为生产服务。通过企业实训实习、为企业提供技术支持、开发新产品等方式形成社会化学习网络。

（3）职业教育要实行社区化办学

面向企业，面向行业，走进社区，开展职业培训、职业咨询和指导。美国的社区学院就是在地区、社区举办的教育机构，向社区提供职业教育和成人教育。

（4）职业教育社会化将推动农村职业教育的发展

按照农科教相结合的原则，推进农村科学技术的发展，普及农业技术知识，通过建立农村技术培训机构、现代农业示范园区，开展农业科学技术培训，促进农村的发展与进步。

职业教育社会化还体现在教育的开放性方面，职业教育是向社会开放的教育，是任何社会个体都可以进入的教育。职业教育的开放性主要表现在以下几个方面。

一是教育对象的开放性，职业学校教育的生源具有广泛性，任何人都可以接受职业岗位培训。

二是入学条件的开放性，职业教育接受来自社会各阶层和各层次的生源，学生在入学条件上不受限制。

三是教育内容的开放性，可以根据行业、职业岗位的需求调整教育或培训的内容。

四是教育模式的开放性，根据实践教学的需要，灵活地开展校企合作、工学结合等多种教学方式。

五是教育场所、时间的开放性等。

3. 职业教育能力化

职业教育的本质特征决定了其在教育过程中注重能力培养，注重技术与技能提高的特点。职业教育培养人才时不仅仅是向他们传授知识，更重要的是培养他们的各种技术能力，尤其是创新意识和创造能力。通过"做中学"培养学生动手的能力、实践的能力，培养学生发现和获得新知识的能力，分析和解决问题的能力，交流与合作的能力，收集和处理信息的能力，以培养出具有实际应用能力的人才。

职业教育能力化不等于能力本位的职业教育。能力本位的职业教育理念是20世纪20~30年代在欧美国家流行的一种职业教育观。能力本位职业教育（CBE）指在教学之前，先确定从事某种行业所必需的知识、技能和态度，之后，根据这些确定的教学内容来教导学生，并且使每一个完成课程的学生都达到预定的技能水准。一个完整的能力本位教育通常包括以下几个步骤。

①分析行业。

②确定行为目标。

③编写教材与计划教学。

④实施教学。

⑤评鉴教学结果。

能力本位职业教育是基于岗位工种的"能力本位"职业教育理念,是工业化大生产背景下"效率崇拜"的产物,难以适应劳动力流动加剧的变化,过于强调职业教育的工具价值,忽视了对人的内在精神和态度的培养。

职业教育能力化建立在以人为本的素质教育的基础之上,尊重人,尊重学生个性的发展,会在教育过程中渗透价值教育理念。在教育过程中注重学生的主动性和创造性,经过教育使其身心得到自由的发展,培养学生具有良好的职业道德、专注工作的创新能力、良好的团队合作精神和社会交流能力。

以人为本的素质教育包含基本素质、职业素质、工作素质和岗位素质。基本素质指工作的主动性,即自发地完成工作、达到目标,有饱满的热情和能力提出问题和解决问题。职业素质指了解职业需要,主动追踪工作的开展,完成专业任务的能力。工作素质指有保证质量和节省资源的理念,创造效益,尽早完成工作目标的能力。岗位素质指与培养目标对应的职业岗位所需要的专业理论知识、实践技术和专门技能。

(二)现代职业教育的特点

《中华人民共和国职业教育法》规定"职业教育是促进经济、社会发展和劳动就业的重要途径",重点是"培养职业技能"。职业教育无论从属性还是功能出发,都体现出了其实用性、实践性、生产性、专业性和区域性等职业特征。

1. 实用性

职业教育人才培养的基本目的,就是要解决生产、服务中的具体技术问题,培养应用型技术人才,必须突出"应用""实训"的特点,学用结合,培养适应生产、建设、管理、服务第一线需要的技术技能型人才,即培养从事应用和操作机器的高级技术和管理人员。

2. 实践性

职业教育必须强调实际训练,突出技术、技能教育,培养一线应用型人才。为此,要建立实训基地,加大实训力度,以技术应用能力、动手能力作为教学的中心环节。例如,德国"双元制"规定实践课和理论课比例为1:1,教学与生产实践紧密结合,加强校内实训和校外实习的联系。

3. 生产性

为学生创造能直接获取实践经验的真实的生产环境,加强校企合作、顶岗实习、工学结合,通过校内模拟训练和校外现场实习等一系列产教融合的实践性教学环节，增强实践教学与具体生产、生活的拟合度，培养学生熟练掌握企业的生产、工艺、设备技术。

4. 专业性

职业教育培养的是某一职业领域的专业人才，培养的是一线的技术人员、管理人员、技术工人、新型农民，以及其他劳动者，与一线职业的对口性很强，偏重理论的应用、实践技能和实际工作能力的培养。不同于普通高等教育，普通高等教育侧重培养的是具有学术性、理论性和基础性的专门人才或拔尖创新人才。因此，职业教育在师资要求上强调教师既要有一定的理论知识，又要熟练掌握技术，具备实际操作能力，即为"双师型"教师。

5. 区域性

职业教育以就业为导向的办学宗旨决定了其服务区域社会经济发展的基本功能，这一功能要求职业教育依靠区域办学和为区域服务。职业教育的区域经济功能要求其必须针对本地区经济社会发展状况，针对岗位需求状况，调整专业设置和课程体系，服务地方经济、社会发展。同时，职业教育还需要充分利用区域（社区）资源，依托社区行业、企业办学，推动职业教育发展。

第二节　高职教育特色论

一、校企合作与产教融合

高等职业教育作为高等教育的一个类型，兼具高等教育的高等性和职业教育的职业性两个基本属性，这种属性决定了高等职业教育既要区别于普通高等教育，又要区别于职业教育及其他层次的教育，而要显现出高职教育自身的特色。这些特色的凸显将有助于培养高素质、高技能的应用型人才。高职教育的主要特色可以概括为：校企合作与产教融合、现代化与市场化、以职业文化为导向三个方面。

创新各层次各类型职业教育模式，坚持产教融合、校企合作，坚持工学结合、知行合一，引导社会各界特别是行业企业积极支持职业教育，努力建设中国特色职业教育体系。校企合作、产教融合已经成为培养技术技能型人才的基本途径，也是现代高职教育发展的主要特色。校企合作办学具有多种模式，校企一体化为其高级发展形式，产教融合则是校企深度合作的产物。

（一）校企合作的内涵

1. 校企合作的基本内涵

校企合作作为现代高职教育发展的基本途径，它的有效运行与实施是一项复杂的系统工程，涉及社会、行业企业、学校、学生等方方面面的关系和利益，只有最大限度地发挥校企合作功能，才能真正培养出应用型技能人才。早在2005年，《国务院大力发展职业教育的决定》就提出要"大力推行工学结合、校企合作的培养模式"。

广义而言，校企合作是指教育机构与产业界在人才培养、科学研究和技术服务等领域开展的各种合作活动。高职的校企合作就其核心内容而言主要是职业院校与企业在相关人才培养、培训中进行的合作，属于国际上通称的合作教育。因此，校企合作是以培养应用型技术技能型人才为目标，产学合作，校企双方共同参与，以工学结合、顶岗实践为形式的职业教育人才培养的基本方式。

通过校企合作，学校能掌握企业对高职教育的人才要求，有利于合理设计专业结构，改革课程体系，制定人才培养方案，并充分利用企业的实践平台，培养学生的实践操作技能，开展师资培养与科研合作；企业则可以通过校企合作解决企业的管理、技术等问题，获得企业需要的高技能人才，为企业的转型升级服务。校企双方在实践教学场所、师资力量、社会服务、信息资源等方面实现互利共赢，促进职业教育的内涵发展。

2. 校企合作的内容

校企合作的内容包括多个方面，但所有合作内容最终都指向对学生实践能力的培养。通过合作将学生在课堂上的学习与工作中的学习结合起来，将理论知识应用于实践之中，遵照"实践—认识—实践"的学习规律，以"做中学"和"学中做"的方式，将学习与生产劳动相结合。通过与行业企业的全面合作，提升教学质量，提高学生的实践能力和综合素质。

（1）学生实践的合作

学校通过与企业合作的形式培养学生的实践能力。企业为学校提供实习实训基地、技术指导甚至资金支持，学校派出指导教师对实习全过程进行监控和指导，使学生在生产线中将所学的专业理论知识转化为实际操作能力。

（2）师资培养的合作

高职教师不仅要具备一个高校教师的基本能力，还须具备与职业教育相匹配的职业技能，既要传授理论知识，还要动手示范。因此，高职教师的基本能力要求是"双师型"的。但是目前职业院校教师的主要来源是高校毕业生，理论知识较为丰富，实际操作技能不足，缺少实际工作经历和行业背景。这就要求高职院校教师必须经历一个企业实践的过程，以提升教师的综合业务素质。校企合作是解决"双师型"师资的有效途径。可通过让教师进入企业学习或挂职锻炼，扩大企业相关人员与学校教师的交流，来实现教师专业化发展。

（3）专业与课程设置的合作

高职教育的一个重要功能是服务区域社会经济的发展，企业是人才需求的主体，专业必须为产业服务。专业设置影响着学校的发展，因此，学校应与企业保持紧密联系，充分调查、了解区域社会经济发展的需要、行业企业的需要，调查区域内的经济结构、人力资源结构、就业结构，以科学合理地设置符合社会需要的专业。不仅如此，学校还需要根据专业市场和人才培养规格的需要，调整专业课程结构，与企业合作共同开发课程，以保证教材理论性与实践性的紧密结合，反映企业生产岗位最新的生产技术。在专业与课程设置方面校企共同合作，制定专业标准和人才培养方案，企业专业人员参与教材的编写，承担相关的课程教学等。

（4）科研创新的合作

开展科研创新，实现科研成果的产业化是校企合作的又一个重要内容。学校拥有丰富的科研资源，企业则是科研成果的消费场所。校企产学研合作能加快学校的科研成果转化，直接融入市场和生产实践。

除此之外，校企合作的内容还包括利用高职院校资源对企业员工进行培训、校企共同办学（包括校内教学机构、校外培训机构等），校企共同举办实体，实行校企一体化实习实训等。

（二）我国校企合作教育的源流

职业教育校企合作的根本目的是培养技术技能人才，因此也有人将"校企合作"直接称之为"校企合作教育"或"合作教育"，它们在我国都有很长的教育实践及研究历史。

明清之际提出了"经世致用"的思想。辛亥革命后，蔡元培先生曾经在他的教育主张中提出了"即工即学""边工边学"的思想。近代教育家陶行知先生进行了山海工学团的实验，创办了"南京晓庄学校"，并提出了"生活即教育，社会即学校，教学做合一"的思想。近代实业家张粤较好地进行了产学结合的办学实践。我国著名教育家、近现代职业教育奠基人之一的黄炎培先生也曾提出："办职业学校的，须同时和一切教育界、职业界努力沟通联络。"并强调办职业教育，"着重在社会需要""必须注意时代趋势与应走之途径""办学要看职业界的需要，定什么课程，用什么教材，要问问职业界的意见；训练学生，也要体察职业界的习惯；聘请教员，还要利用职业界的人才"。

20世纪50年代出现的"共大"及60年代的工农兵大学，是我国职业教育当下意义上的校企合作雏形。作为一所特殊时代特殊国情下的大学，江西共大为农村建设输送了十几万的实践能力强的人才。值得注意的是，当时所采取的半工半读、注重实践，以及与工厂和农村合作开展教育等的模式应该算是当代中国最早的合作教育和工学结合人才培养模式。1963年教育部和冶金工业部（现已被撤销）决定在北京钢铁学院试办产业工人班，以"贯彻阶级路线，培养工人阶级又红又专的知识分子"，"要从有实践经验的工人农民中间选拔学生，到学校学几年以后，又回到生产实践中去"。此后，企业办学、行业办学（技工学校）等逐步兴起，至20世纪80年代达到鼎盛。

20世纪80年代，我国确立了在中等职业教育的基础上进行了更高层次职业教育即高等职业教育的发展思路。1980年南京金陵职业大学（现已与南京市农业专科学校合并为金陵科技学院）的成立标志着我国等职业教育的正式开始。1991年国务院《关于大力发展职业教育的决定》中明确提出，要努力办好一批培养技艺性强的高级操作人员的高等职业学校，1994年教育部第一次将"推动职业大学的改革和建设"作为工作重点，自此高等职业教育得到了迅速发展。这一阶段也是中国高等职业院校普遍探索校企合作教育的重要阶段，许多高等职业院校在校企合作方面积累了一定的经验，并取得了前所未有的成绩。这一阶段所积累的经验为后来我国校企合作教育奠定了基础。

总体来说，我国真正意义上的校企合作教育可分为四个发展阶段。1985年，上海工程技术大学与加拿大滑铁卢大学合作，采用"一年三学期，工学交替"的模式开展产学合作教育实验，标志着我国"引入"阶段的开始。这一阶段主要是以多种形式与国外教育界合作，"克隆"国外的合作教育模式。

第二阶段是以1991年4月在上海成立中国产学合作教育协会为标志，产学合作教育进入了结合中国实际进行探索的阶段，其特点是从自发的、分散的状态走向有组织、有计划的群体状态，走向以探索贯彻党的教育与生产劳动相结合方针的方向。

1997年10月教育部发出了《关于开展产学研合作教育"九五"试点工作的通知》，标志着中国校企合作教育进入了第三阶段，即由民间有组织的实验走向了官方有组织有计划的试点，表明校企合作教育已被纳入了政府教育主管部门教育改革的总体规划中。2014年《国务院关于加快发展现代职业教育的决定》，标志着我国校企合作教育进入了第四阶段，即职业教育集团化办学阶段。

文件明确提出要"鼓励多元主体组建职业教育集团",并进一步明确了多元主体包括院校、行业、企业、科研机构社会组织等。

真正意义上的校企合作教育研究在我国始于1989年,是年,我国派人首次参加了世界合作教育大会,自此,国内的合作教育研究正式拉开帷幕。我国学者在国外同行研究的基础上,针对我国职业教育的发展现状,对校企合作教育问题进行了一系列比较与实证研究,如分析国外校企合作模式,借鉴国外经验,为解决我国校企合作过程中出现的问题献计献策等。

21世纪以来,我国的职业教育研究进入了一个比较繁荣的时期,校企合作问题也为许多职业教育界人士所关注。如南京理工大学方丛蕙的《我国高等职业技术教育校企合作问题与对策研究》,广西师范大学胡玲琳的《试论我国高校与企业的合作》,国防科学技术大学彭新宇的《湖南省高等职业技术教育校企合作研究》,武汉理工大学王玮的《发展我国产学研合作教育的探索》,河海大学蒋茂东的《高校和企业合作培养人才研究》,天津大学陶红霞的《关于中等职业教育产教融合的研究》,电子科技大学王士星的《职业教育"校企合作、产教融合"模式研究》,天津大学赵月桃的《高职高专院校产学合作教育的理论与实践研究》等,专门对我国企业与普通高等院校、高等职业院校、中职院校等各层次教育的合作进行了阐述与分析,为我国校企合作理论与实践的研究提供了参考。

相对而言,我国的校企合作教育具有更为丰富的含义,更为宽泛的范围。青木昌彦先生把校企合作定义为"通过分属不同领域的两个参与者——大学与产业的相互作用所产生的协同效应来提高大学与产业各自潜能的过程"。王章豹先生认为:"广义的产学合作是指高等院校与企业在人才培养、科学研究、技术开发、生产经营,以及人员交流、资源共享、信息互通等方面所结成的互利互惠、互补互促的联合与协作关系。"王廷芳先生将其定义为"大学与工业企业之间为达到一定目的,通过协调作用而形成的一种互动关系"。

综合多年来一些理论和实践工作者的研究,可以将校企合作教育的定义表述为:它是一种以培养学生的全面素质、综合能力和就业竞争力为重点,利用学校和企业两种不同的教育环境和教育资源,通过将课堂教学与学生参加实际工作有机结合,来培养适合不同用人单位需要的应用型人才的教育模式。其基本原则是产学结合,实施的途径和方法是工学结合,定岗实践要达到的目标是全面提高学生素质,适应市场经济发展对人才的需求。

除此之外,其他学者在校企合作教育方面也进行了大量的研究,并取得了许多成果。普遍认为,我国职业院校存在财政投入不足,办学条件尤其是实验实训条件相对薄弱；专业设置落后，课程设置不合理；教学重点、难点不突出；实践环节严重不足；企业投资并参与办学的积极性不高；校企合作基础较差；校企合作机制尚不完善；校企合作尚未建立起固定的产学研合作基地；高等职业教育的校企合作理论研究滞后；缺乏社会认同等问题。

针对校企合作的作用，学者们认为，校企合作有利于教育体制和人才培养模式的改革，可以解决学校和企业之间的人才供需矛盾，满足企业的需要；有利于准确定位现代职业教育目标，形成办学特色，进一步改善办学条件，扩大招生规模，拓宽学生就业渠道，提高就业率，形成良性循环；有利于企业参与学校人才培养过程，深化教学改革，调动企业办学的积极性与主动性，发挥企业人力资源与物质资源在办学过程中的作用，实现企业资源与学校资源的优化组合；还有利于学生了解企业文化和对企业的认同，熟悉企业规章制度，培养学生的主人翁责任和敬业精神，增强协作意识，提高组织管理与决策能力。总之，校企合作是实现现代职业教育人才培养模式的有效手段，可通过校企合作，彰显职业教育本质属性，形成职业院校的办学特色。

在校企具体合作方面，研究者们认为，校企合作过程中应正确处理好学校和企业的关系，协作完成教育教学计划，搞好课程开发和学生技能考核。在培养实施过程中，要确保理论和实践教学质量，做好毕业生就业与"售后服务"工作等。为此，高等职业院校要科学定位，加大投入，努力提高办学质量与水平。要加大行业、企业参与高等职业教育校企合作的力度，建立形式多样的校企合作形式和良好的运行机制。积极开展校企合作研究，探索校企合作的理论与方法。

（三）校企合作的模式探索

为探索高职院校与企业进行更深入、有效的合作，各学校不断创新各种合作方式和途径，形成了多种多样的校企合作模式。这些模式基本上都结合各个学校的具体情况和本区域的社会经济发展实际，因地制宜，与时俱进，形成了各自的特色和优势。校企合作由早期临近毕业时的实习、就业，逐渐延伸到了大一、大二时期的全程实训和教学过程，让企业直接参与到人才培养的整个过程之中，并邀请企业的知名企业家、行业专家担任专业教学指导委员会委员。

我国高职院校在校企合作的探索过程中，积极借鉴国外的合作模式，学习国外职业教育校企合作的成功经验。例如，德国的"双元制"模式是一种以企业为主的模式，学校负责理论教学，企业负责技能培训，培训过程由行业培训协会监督并进行质量考核。其他成功的模式还有美国的合作教育模式、英国的工读交替模式、澳大利亚的TAFE模式，以及日本的产学结合模式。这些模式都对中国特色校企合作模式的形成产生过积极的影响。我国高职现有的校企合作模式表述多样，新名词迭出，概括起来主要有以下几种形式。

1. 订单式人才培养模式

这种模式是学校与企业签订人才培养协议，按共同制定的人才培养计划组织教学，学生在学校学习与企业生产实践相互交替，毕业后直接到企业就业的培养模式。这类合作模式自出现之始就被迅速、广泛地在全国各个职业学校进行了复制。如深圳职业技术学院以计算机辅助设计与制造专业为重点的先进制造技术专业群实施的就是"订单式"人才培训。根据现代模具企业对岗位和能力的要求，采取"定方向、定课程、定计划、定时间地点、定考核标准"的方式，为企业培训专业技术人才。

2. 校企实体合作模式

这是近年比较流行的一种方式，包括校内教学实体（合作组建二级学院、系、专业、班等）、校内培训机构和股份制产业实体（实训基地）。企业以设备、场地、技术、师资、资金等多种形式全方位参与，合作办学，并承担一定的管理职能，如企业负责人（或代表）兼任董事长或副董事长、院长或副院长等，分享办学效益。如浙江工贸职业技术学院以三大园区为平台建立的"知识产权学院""文化创意学院"，以及该院与温州市文化广电新闻出版局、温州市商务局、温州国际葡萄酒交易集散中心联合共建的"温州国际葡萄酒文化学院"等，都很好地利用了校企合作实体的资源，创新了校企合作方式。

3. "2+1"或"2.5+0.5"模式

学生前两年或两年半在校内进行理论学习和校内生产性实训，最后一年或半年（大三）到企业顶岗实习并进行毕业设计。其中"2.5+0.5"模式几乎成了各类高等院校或中职不言而喻的"潜模式"。

4. 企业主导型模式

这类形式在民办高职院校中较为典型，大型企业根据发展的需要或企业发展战略的谋划，在办学中投入资金和设备，从服务社会需要、市场需要出发整合资源，合作办学。在这方面，浙江广厦建设职业技术学院、浙江横店影视职业学院、浙江汽车职业技术学院都是很好的实例。

5. 校企互动式模式

学校和企业双向介入，把理论学习与企业岗位训练、实际工作经历进行有机结合。如宁波职业技术学院模具设计与制造专业建设项目利用各种形式的产学合作，努力实践"三位合一、三方联动"的高职教育模式，先后与宁波海天集团、宝新不锈钢有限公司（中日合资）、敏孚（台资）企业、浙江吉利汽车有限公司、宁波久腾车灯有限公司和宁波精益工业造型公司，以及宁波模具协会等宁波著名大型企业和行业团体校企合作办学，共建实习基地，进行合作生产和技术开发，共同培养技术技能型人才。其中，与宁波海天的产学合作模式被评为了"2006中国高校与大型企业合作人才培养十大典型案例"。

（四）校企一体化

随着我国高职教育的快速发展，校企合作不断深化，形式不断丰富和完善。校企一体化是校企合作的一种高级发展形态，是校企合作由浅层次走向深层次，由松散型走向紧密型的一种具体形式，是校企深度融合、共赢共创的新载体。校企一体化的内涵，是指学校和企业两个独立组织，为提高其竞争力，进行紧密合作，彼此分享所有责任、权利、义务、风险及利益，而建立密切的合作关系，而其本身仍维持独立之法律个体。

宁波城市职业技术学院通过引企入校，探索"公司制"校企一体化办学方式，建立了企业分公司管理体制，并进行运作，学生以准员工身份参与工作过程与开展业务，解决商贸类专业工学结合问题。这是校企一体化的一种初级形态探索。浙江工贸职业技术学院自主创办三大园区，搭建校企一体的办学平台，建立校企一体化教育流程机制和利益多赢保障机制，形成了较为完善成熟的校企一体化办学模式。

该校统合多种校企合作方式，构建校企一体化平台。借助厂校联合改制的背景优势，挖掘校办企业的教育功能；与主管单位（杭钢集团）的多个二级企业合作办学，实行订单培养；以投资或控股的形式自办企业；发挥学院人才、设备、技术等资源优势，通过市场契约机制引企入校，多渠道地构建了校企一体开放办学的平台。

学院成立的"三大园区"（浙江创意园、温州知识产权服务园、省级国际服务外包示范园）为校企一体人才培养模式的实施提供了有力的支撑，在"三大园区"的招商过程中，将"全力支持学院人才培养和教学改革"作为企业入驻的必要条件。构建校企一体教育教学流程，全面融入学院多个专业与园区企业对接，形成专业链与产业链、课业链与技术链、能力链与人才链的"一体化"，建立校企一体化实训基地共建共管、校企一体化课程开发、实施与评价，以及校企一体化运行体制机制等。

（五）产教融合

自党的十八届三中全会提出"深化产教融合、校企合作"后，《国务院关于加快发展现代职业教育的决定》将"加快现代职业教育体系建设，深化产教融合、校企合作，培养数以亿计的高素质劳动者和技术技能人才"作为了加快发展现代职业教育的指导思想，并明确指出要"产教融合、特色办学。同步规划职业教育与经济社会发展，协调推进人力资源开发与技术进步，推动教育教学改革与产业转型升级衔接配套。突出职业院校办学特色，强化校企协同育人"。到 2020 年要形成产教深度融合的现代职业教育体系。

产教融合是校企深度合作的一种表现。校企一体化是办学形式层面的融合，而产教融合则更多地表现为教学形态层面的融合或"一体化"。学校与企业无缝对接，校企共同参与研讨、制定实用性较强的专业人才培养方案，通过企业平台与市场接轨，构建以培养应用能力为出发点的人才培养体系。

产教融合基本内涵应该表述为：职业教育与经济社会发展相融合、专业设置与产业需求相融合、课程内容与职业标准相融合、教学过程与生产过程相融合、产业岗位职业环境与教学情境相融合，最终达到学生素质和技能与产业员工职业素质和技能相一致的目的。产教融合的具体环节包含专业人才培养方案顶层设计、专业课程开发、专业实训基地建设、专业师资培养、专业教学模式设计等主要专业教学环节，还包括生产管理与教学管理融合。

产教融合是高职教育发展的一个新命题，不仅运行机制需要探索，其保障机制更需提前研究，如法规保障机制、督导评价机制、激励补偿机制等，缺乏保障的模式和创新，最终是一种空谈。精选的企业应在区域或行业有较大影响，并能代表发展方向，同时对发展职业教育有很好的理解、参与兴趣和较强的需求意愿。深度的"产教融合"应建立在产和教的彼此利益关切和紧密联系上。更大胆地探索股份制、混合所有制的路子，特别是在学校的二级学院层面、专业层面上探索股份制、混合所有制，与企业、行业组织建立利益共同体。

二、高职教育现代化与市场化特征

社会经济的高速发展决定着与之相应的教育也需要共同发展，只有这样才能适应时代的要求，才能提供相应的文化或技术服务。高等职业教育从传统的职业教育形态向现代职业教育形态发展是历史的必然。这种转变集中表现在高等职业教育的观念、管理体制、办学模式、人才培养模式、教育内容和教学手段等方面。

《国务院关于加快发展现代职业教育的决定》要求"深化体制机制改革，统筹发挥好政府和市场的作用"，引导社会力量参与办学，"积极支持各类办学主体通过独资、合资、合作等多种形式举办民办职业教育；探索发展股份制、混合所有制职业院校，允许以资本、知识、技术、管理等要素参与办学并享有相应权利"。现代化与市场化成了高职教育的显著特征。

（一）高职教育的现代化特征

现代化是人类社会从工业革命以来由于现代生产力的发展而产生的社会生活各领域的深刻变革过程。现代化所表现的是科学技术发展的结果，以工业化、城市化、知识化、信息化，以及民主化、文明化为基本特征，渗透到了社会、经济、文化、思想等各个领域。其中教育现代化使人获得了解放，"人"的现代化推动了人类社会的发展，促进了历史的进步。

1985年《中共中央关于教育体制改革的决定》提出，教育必须面向现代化，面向世界，面向未来。教育现代化是社会主义现代化建设的基础，是实现中国梦的基本途径。高职教育现代化是教育现代化的重要组成部分，是推动社会经济现代化的重要基石。

高职教育现代化是以形成现代职业教育观念为基础，构建现代职业教育体系，完善高职教育体制机制，并以现代化的教育内容和教育手段为媒介，为社会培养数以亿万计的现代化高素质技术技能型人才的职业教育形态。

1. 树立现代化高等职业教育思想

高职教育理念体现在现代化的人才观、专业观、课程观和教学观等方面。人才观就是要坚持高等职业教育发展的基本方向，培养适应区域社会经济发展需要的高技术应用型人才，特别是面向生产服务第一线的高技术技能型人才。同时培养学生形成独立获取知识的能力，为学生的终身学习和继续发展奠定基础。树立素质教育和创业教育观念，培养学生创新创业的品质和精神，提高适应能力和竞争能力。

2. 教学管理现代化

管理现代化是推进高职院校现代化建设，全面提高教育质量的体制保障、机制保障和运行保障。教学管理现代化就是要以高职院校现代化发展战略为目标，确立现代教育管理理念，通过制度建设，治理体系建设，使教学管理计划、组织、领导、人员与现代科学技术、文化思想水平相适应，并借助信息化、网络化等手段，促进管理效益的提高。高职教育管理现代化的关键是师资队伍的现代化，要建设一支适应现代产业和社会经济发展需要的"双师型"师资队伍。

3. 专业建设现代化

高职院校专业建设不仅要适应区域经济发展的需要，还要遵照以就业为导向的原则，满足劳动力市场的需要。专业建设的现代化对高职院校的现代化具有决定性的作用。高职教育专业设置必须依据区域产业发展需要来确定和调整，服务区域特色产业发展。这就要求在进行专业建设的时候，学校要充分了解本区域的经济特征、发展趋势，密切与产业行业进行联系和合作，使专业设置符合本区域经济现代化发展。

4. 课程的现代化

课程是专业内涵与目标的具体体现，也是人才培养标准的具体反映。专业的现代化需要通过课程的现代化来实现。现代化的高职课程要及时反映新思想、新技术、新知识、新方法、新信息、新规范，突出对学生能力的培养，科学教育与人文教育并举。

5. 办学条件现代化

办学条件现代化是高职教育现代化的基础，是衡量一所学校现代化程度高低的基本标志。高职教育现代化必须重视办学条件的改善，如现代化的实验实训设施、多媒体教室、网络设施，符合现代化生产、管理、经营的校内外实习基地建设等。尤其是教育教学要充分运用信息化、网络化资源，以及现代教学手段与媒介，使学生在现代化的环境中潜移默化地提高技术技能与素养。

（二）现代高职教育的市场化特征

社会主义市场经济的逐渐完善使高职教育与市场的关系日趋紧密。长期以来以行政权力配置资源的方式使高职教育陷于僵化，高职教育迫切需要对资源进行合理、优化配置，并形成资源优化配置的能动机制。

高职教育相对普通高等教育"准公共产品"的特性而言，其自身的特性和定位更倾向于"私人产品"，市场机制在高职教育资源配置中具有明显的社会效应，供需关系具有市场调节倾向。高等教育大众化是世界高等教育发展的必然趋势，高等教育大众化的一个重要特征就是利用市场机制合理配置教育资源。

在社会主义市场经济条件下，高职教育市场化是高职发展的现实的迫切需要。政府明确提出要处理好政府与市场的关系，凡是属于市场调节的因素都会归于市场。

因此，对于高职教育，政府必然除宏观调控外，还将运用投资体制、市场准入等市场手段。特别是《国务院关于加快发展现代职业教育的决定》关于发挥"市场的作用"促进高职教育发展的决定,许可各类主体举办职业教育,经营合作方式机动灵活,对高职教育的市场化特色给予了国家政策层面的明确肯定,也是对我国高等教育体制长期受计划经济制约的一次实质性改革,是对高等教育泛行政化改革的重大举措。

我国高职教育市场化是国际高等教育市场化的一个组成部分。20世纪80年代以来,国际上许多国家由于受公立教育僵化、效率低,教育竞争激烈等因素影响,教育市场化受到了欢迎,其中尤以职业教育表现突出。这些国家根据市场需求,引入了市场运作方式和竞争机制,推动了职业教育的发展。

美国、英国、澳大利亚等国家都有成功的经验。美国公司直接兴办各类职业教育,为企业的生产经营服务,美国企业内部开展的训练和教育计划非常庞大,实际上已经形成了一种传统职业学校的替代,企业每年用于教育和培训的经费约为600亿美元。不少公司可授予学员学士、硕士、博士学位。澳大利亚则以市场需求为导向设置专业,引入市场法则,促进职业教育市场化。英国20世纪80年代由于高校拨款方式的改变,促使学校走向市场化,拓宽筹款渠道,产生了一批创业型应用性大学。

高职教育市场化要求在高等职业教育领域引入市场机制,形成以市场供需规律为基础的教育资源配置体系。在培养目标设定、专业和课程设置、师资队伍建设、实习实训、教学质量评估、招生就业等方面均引入市场机制,建立适应市场经济运行规律的高职教育管理体系,从而促进高职教育健康有序地发展,培养适应市场需求的高素质人才。

《国务院关于加快发展现代职业教育的决定》提出了探索股份制、混合所有制办学的精神,有专家就提出,针对区域优势发展、重点发展的产业领域或产业链,以市场供需为杠杆吸引骨干企业参与办学,以学校为"母体"先试行局部性的"一校两制",建立人事、财务、教学等方面的灵活机制,逐步成熟后再走向完全的"两校两制",在区域层面形成职业教育的多元办学格局。

高职教育市场化的特征具体表现为高职教育投入与产出的市场化,即高职院校根据市场的需求,培养出适销对路的教育产品——毕业生,促使教学过程更多地考虑和贴近社会需求,在专业建设、课程设置、师资配备、招生人数等各个方面,越来越多地根据市场需求进行调整,体现出职业教育的社会功能与本质特征。从而催生以下环节的市场:专业和课程设置的市场化、师资队伍的市场化、教学质量评估的市场化、实训实习的市场化和招生就业的市场化。

浙江工贸职业技术学院在探索园区化办学,构建校企一体化办学模式的过程中,立足学院发展历史,充分挖掘、整合各方资源,探索出了一条多主体共赢的市场化办学模式。该学院设计出了"产权+市场契约"的办学体制，并在此基础上形成了"创业教育+资本资产经营+自主办学"的"一体化"机制，使政府、行业产业、学院、社会机构、市场联动，为高职教育市场化探索走出了一条特色之路。

三、职业文化导向的高等职业教育

（一）职业文化与高职职业文化

1. 职业文化

职业文化是社会文化的一种类型。文化是以环境为基础，以内化为目的熏陶人、教化人、塑造人的过程。职业文化是职业人在长期的职业活动中逐步形成的，它既受制于整个社会文化环境，同时又对其他文化具有辐射作用。它以职业人为主体，以职业行为为基本内涵，以职业价值观为核心，以职业制度规范和职业行为为载体，以职业习惯、气质、礼仪与风气为外在形态，是职业理念、职业态度、职业道德、职业责任等价值内涵的活化。

职业文化一旦形成，就会对职业人的职业心理和职业行为产生潜移默化的影响，并产生内在的约束作用。职业文化相对于企业个体而言，是行业文化，企业文化受职业文化的制约。职业文化可以分为广义和狭义两方面，广义的职业文化是指涵盖现代社会众多职业、为广大职业人所普遍遵循的价值观念和行为规范；狭义的职业文化是指独特或相近职业的职业人应遵循的价值观念和行为规范。

2. 高职职业文化

职业文化的培养是高职人文素养教育的重要内容，是高职校园文化建设的核心，也是现代高等职业教育的根本特征。高职职业文化既要具有职业的文化特点，又要同时具备高等教育的文化素养，良好的职业文化是高职学生的核心竞争力。

这种文化心理的形成需要校园文化和企业文化的共同熏陶、感染，通过引进企业文化、介绍企业文化，更重要的是通过校企合作、工学结合，让学生走进企业感受企业文化，体验职业文化，在产教融合中使企业文化和校园文化在学生的身心行为中得到融合与升华，形成具有行业特色、企业特点的高职院校职业文化。

职业化是高职院校校园文化的本质特征，也就是职业院校职业文化具有职业性，这种职业性体现在以下几方面。

其一，职业院校构建职业文化是为了学生能够较顺利地适应工作岗位，并且在工作中有所创造与发展。

其二，职业院校要与企业进行积极与有效的合作以更好地构建职业院校职业文化，职业院校职业文化源于企业与职业，融合于职业院校，服务于职业院校的学生。

其三，职业院校所形成的职业文化最终实践于学生，促使学生有效地理解与融合职业文化，具备应有的职业素养、职业认知与职业发展观，使学生能够积极地适应工作氛围，有效发挥自身的作用，实现自身的价值。

高职院校职业文化的基本内涵主要体现为职业愿景、职业精神、职业道德、职业技术技能、职业规范和职业礼仪。职业愿景是以个人的职业兴趣为立足点，将职业发展与人生规划合二为一，使企业目标与个人追求得到有机的统一，是职业选择的前提。

职业精神的内核是对职业的热爱，在实践中表现为对职业的敬、勤、精，并为此尽职尽责。职业道德是职业人必须信守的基本行为准则，诚实守信，忠于职守，遵守社会道德，敢于承担责任。职业技术技能是职业文化的基本特征体现，是职业文化区别于其他文化的标志，是职业个性和职业风格的外在形式，是职业人职业行为产生的内在决定因素。

职业规范是从业者在职业岗位上必须遵守的制度、规则和要求等，是对职业人的明文约束。职业礼仪是在职业行为过程中约定俗成的律己、敬人的某种仪式、礼节。职业文化一旦形成，就具有相对的稳定性、行业（群体）特色性、约束性和自觉性。高职院校在发展中要重视职业文化的建构，促使学生在走上工作岗位前就养成职业人所必需的基本职业意识和职业素养。

（二）高职职业文化的培养

高职职业文化的职业性特征决定了高职职业文化的培养必须与职业实践相结合，在实践中养成。

1. 在校企合作中培养高职职业文化

校企合作是高职教育人才培养的基本模式，也是高职学生认识和了解企业文化的重要途径。通过校企合作渗透企业价值观念，推进校企一体化课程改革，实现与企业的深度融合。学校通过聘请行业企业的管理者、师傅、技术人员，使其走进校园，以讲座、兼课、指导学生实训、交流等方式，直接或间接地向学生介绍企业文化和企业理念。也可以通过校企深度合作，通过学生、教师下企业，在企业的实践岗位上、在工学结合的过程中感悟职业文化，提升自身的职业素养。

2. 在校园环境建设中培养高职职业文化

校园是学生生活学习的空间，在校园文化建设中渗透职业因子，营造浓郁的校内职业文化环境和氛围，有利于学生职业人格的养成。因此，不仅要在人才培养方案、教学内容中融入职业文化教育内容，还要在学校物质环境如校园网、宣传栏、建筑景观等形式上设计职业因素，使学生在日常的社会环境中耳濡目染。

3. 把工业文化、商业文化融入高职职业文化

有研究显示，职校学生在跨越教育职业的鸿沟时，文化的冲突将成为这一过程的巨大障碍，将延长学生学习生涯向专业社会化转变的过程，亟须职业院校加大产业文化进校进程，为学生建立文化缓冲地带。

因此，要在高职教育中有意识地渗透工业文化和商业文化，在学生中普及产业文化知识、开展产业价值观教育，在思政教育、课程建设、教学实践中渗透产业文化因素，学校与行业企业进行经常性的文化合作与交流，促进学生产业文化素养的提升。正如前教育部副部长鲁昕副部长所指出的，"把工业文化融入职业学校，做到产业文化教育、工业文化进校园、企业文化进课堂"。

高等职业教育要增强对社会的吸引，靠的不是政府的资助和历史的文化馈赠，而是取决于自身人才的质量，取决于自身文化建设的软实力。高等职业教育利用职业教育的实践优势，提升学生的实践技能，赢得社会的认可，是提升自身价值的根本途径。高等职业教育文化建设的基本点是把企业文化有机地嫁接到职业院校文化中，使院校文化与企业、行业文化融为一体，形成"服务为本、职业情怀、经世致用、重技崇学、能力为本"的职业文化核心。

高等职业教育文化作为一种具体的文化形态，既具有大学文化精神，又具有职业文化的内涵与特征。在现阶段，高等职业教育文化是以就业为导向，以培养高素质技术技能型人才为目标，以工学结合、校企合作为培养途径，以职业文化为内在品质的高等教育文化。

有研究者将以"人文关怀、理性追求、自由独立"为主要内涵的大学精神、以"职业情怀，经世济用，开放合作"为主要内容的职教规律和以"创业心怀，效能至上，和谐共赢"为主元素的经济理念，作为高等职业教育文化的三个来源，较为准确地概括了高等职业教育文化形成的基本要素。

第三节 新时代职业教育体系

一、现代职业教育体系概论

随着经济的发展和科技的进步,我国中高等职业教育得到了快速发展,职业教育体制不断完善,工学结合、校企合作日益深入。中职与高职的衔接,高等职业教育内专科和本科甚至更高层级教育的通道正在构建,职业教育得到了社会的认可。但是我国职业教育的发展也存在着一些问题,体制机制不够健全、行业企业参与不足、人才培养模式落后、层次结构不合理、专业设置与社会经济(产业)发展不够协调等,职业教育体系还不能适应经济发展转型升级的要求。

现代职业教育体系亦成为增强国家竞争力,促进产业经济发展的战略举措。因此,以现代教育理念和国际视野构建现代职业教育体系,是实现教育现代化,培养大批中高级技术技能型人才,提高劳动者素质,建设人力资源强国,推动经济社会发展的必然选择。

教育体系一般指互相联系的各种教育机构的整体或教育大系统中的各种教育要素的有序组合。广义的教育体系,除教育结构体系外,还包括人才预测体系、教育管理体系、师资培训体系、课程教材体系、教育科研体系、经费筹措体系等。狭义的教育体系,仅指各级各类教育构成的学制,或称教育结构体系。

现代国民教育体系包括普通教育和职业教育两类,初等、中等、高等教育各个层次,成人教育和继续教育各个阶段。职业教育的层次结构分为初等职业教育、中等职业教育和高等职业教育。初等职业教育主要在农村,现在已经较少存在;中等职业教育是我国职业教育的主力军,包括职业高中、职业中专、技工学校和中等专业学校;高等职业教育是我国职业教育的生力军,是我国高等教育的一个重要组成部分,目前主要是专科层次的教育,部分省市在试点本科层次的职业教育。

中国特色现代职业教育体系是一个服务于职前与职后,以终身教育理念为特征和目标的复杂庞大的教育系统。首先以职前教育为在校生和未升学毕业生提供职业技能教育,这是现代职业教育的主要构成部分。这一段,包括初、中、高三个层次的技术工人、中等程度技术人员与管理人员、高级技术技能人才。其次是继续教育和终身教育,这是现代职业教育的重要组成部分。这一段包含城市职业技术培训和农村技术人员培训与农技推广。城市职业技术培训除在职员工的全员培训外,尤其要重视下岗、失业、转业人员的培训。

现代职业教育体系在重视学校教育体系建设的同时，还重视人才预测体系、师资培训体系、教育管理体系、专业与课程体系的建设。人才预测体系是直接关系职业教育发展规划，影响职业教育发展是否适应社会经济发展的基础工程。只有经过科学合理的人力资源需求预测，才能为劳动力市场提供各类符合需求的人才。师资数量与质量直接影响着职业教育规模和人才培养质量，职业教育的职业性特征要求教师具备"双师型"素质，职业教育师资培养和在职培训及企业实践锻炼是一项系统性工程。职业教育师资的规划（预测）、培养、使用、发展与职业教育整体发展规模及社会经济发展需求密切关联，加强职业教育师资队伍建设是现代职业教育健康发展的战略选择。

职业教育学制结构是职业教育体系构成的一个重要部分，职业教育学制是指一个国家或地区各级各类职业学校机构或组织的体系及其管理规则。早在1922年学制（又称壬戌学制）中，职业教育就得到了重视。

该学制在初等教育高级段设立职业科，让小学毕业生能掌握一定的生产技能。中等教育分为两段，均设有职业学校，高级中等教育除普通教育外，还设有农业、工业、商业等科，兼顾升学和就业。该学制增加了职业教育的分量，但在高等教育段没有专门设立职业教育。

我国现行的职业教育学制是在1995年《中华人民共和国教育法》规定的学制基础上不断改革形成的。1995年《中华人民共和国教育法》规定的学制还设有成人初等学校、成人中等学校（初中、高中），直至成人高等学校，成教系列完备。中等教育设中等专业（技工）学校，含五年制学历，同时还设有农业职业中学。

高等教育段设高等职业教育，为专科学历，招收普通高级中学毕业生和少数优秀职业学校毕业生。在此基础上，现行学制力图在高等教育阶段实行分类办学，打通职业教育"中高本"的学历通道，使得高等职业教育也可以开展本科甚至更高层级的教育，并且中等职业教育的毕业生可以直接升入更高层次的职业教育机构进行深造。

二、现代职业教育体系构建

职业教育服务社会经济发展，服务区域产业转型升级，是通过培养适应发展需要的人才来实现的，社会经济发展对应用型、技术技能型人才的需求决定了职业教育发展的方向，也是确立职业教育体系和结构的根本依据。当前，职业教育还不能完全适应经济社会发展的需要，其结构还不尽合理。加快发展现代职业教育是党中央、国务院做出的重大战略决策。面向生产服务一线，培养高素质技术技能型人才，建立现代职业教育体系，是促进现代职业教育服务转方式、调结构、促改革的制度性安排。

为全面贯彻党的十八大精神，依据《国家中长期教育改革和发展规划纲要（2010—2020年）》和《国务院关于加快发展现代职业教育的决定》，我国制定了《现代职业教育体系建设规划（2014—2020年）》。规划总体目标是，"到2020年，形成适应发展需求、产教深度融合、中职高职衔接、职业教育与普通教育相互沟通，体现终身教育理念，具有中国特色、世界水平的现代职业教育体系，建立人才培养立交桥，形成合理教育结构，推动现代教育体系基本建立、教育现代化基本实现。"并要求2015年初步形成现代职业教育体系框架，2020年基本建成中国特色现代职业教育体系。

（一）现代职业教育体系的构成

现代职业教育体系是在现行学制体系的基础上，按照"加强统筹、分类指导"的原则，统筹发展各级各类职业教育，来实现学校教育和职业培训并举，推进中等和高等职业教育衔接，优化高等教育结构，实现"中高本"职业教育一体化。《现代职业教育体系建设规划（2014—2020年）》对现代职业教育的层次结构、办学类型、学校教育与职业培训的协调进行了科学系统的规划。

现代职业教育的层次结构分为：初等职业教育、中等职业教育和高等职业教育。初等职业教育侧重在有需要的地方开展实用技术技能培训；中等职业教育着重开展基础性的知识、技术和技能教育，培养技能型人才；高等职业教育着重在办好现有专科层次高等职业（专科）学校的基础上，发展应用技术型高校，培养本科层次职业人才，高等职业教育规模占高等教育的一半以上，本科层次职业教育达到了一定规模。这是我国职业教育发展史上一次重大的突破，系统构建了从中职、专科、本科到专业学位研究生的完整培养体系，满足了各层次技术技能型人才的教育需求。

现代职业教育在办学类型方面提出了政府、企业、社会共为办学主体，构建公办和民办职业院校共同发展的职业教育办学体制，政府实行统一的准入制度。规划提出要增加非全日制职业教育在职业教育中的比重，改革学制、学籍、学分管理，实行工学交替、双元制、学徒制、半工半读、远程教育等多种学习方式。职业院校可以同时开展学历职业教育和非学历职业教育。现代职业教育体系规划还构建了职业教育的终身一体系统。包括职业辅导教育、普通教育。学校要为在校生和未升学毕业生提供多种形式的职业发展辅导、职业继续教育，以及劳动者终身学习，增强职业教育体系的开放性和多样性。

（二）现代职教体系的产教融合特色

在我国全面推进职业教育现代化的进程中，产教融合、校企一体化充分体现出现代职业教育的本质特征，既是一种职业教育的方法，也是实现现代职业教育理念的实践平台，产教融合、校企一体化有机地将教学与平台、理论与实践、方法与内容紧密地结合起来，有效破解了职业教育校企合作、工学结合"两张皮"的瓶颈。

一定意义上，产教融合、校企一体化的实践程度已成为反映一所职业院校办学现代化水平和内涵建设的重要因素。由于产教融合、校企一体化是一个主体多元化联合平台，受到了学校内外多种因素的制约，在现代职教体系的实践中，需要契合区域社会经济发展，突出区域特色、院校特色，使教育教学改革与产业转型升级衔接配套，校企协同，共同推进现代职业教育的发展。

按照《国务院关于加快发展现代职业教育的决定》（以下简称为《决定》）要求，现代职业教育体系要"形成定位清晰、科学合理的职业教育层次结构"，每一层级都体现出鲜明的职业教育特征，贯彻产教融合的特色。如《决定》提出：专科高等职业院校要密切产学研合作，培养服务区域发展的技术技能人才，重点服务企业，特别是中小微企业的技术研发和产品升级；实行分类管理，举办本科职业教育，专业学位研究生教育，其中专业学位研究生的培养要求建立"以职业需求为导向、以实践能力培养为重点、以产学结合为途径"的培养模式。

在办学机制方面，大力促进行业企业参与职业教育办学，明确提出：深化产教融合，鼓励行业和企业举办或参与举办职业教育，发挥企业重要办学主体作用。以多种形式支持企业建设兼具生产与教学功能的公共实训基地；鼓励企业举办职业院校和职业院校自办企业或开展经营性活动，以"服务学生实习实训"。《决定》鼓励职业院校、行业企业、科研机构、社会组织共同组建职业教育集团，促进教育链与产业链的有机融合，这一举措以组织方式使"产和教"、学校和企业结合为一个共同体，强化教育、学习、实训相融合，创新顶岗实习形式，有力地推进了校企的一体化育人模式。

三、现代职业教育体系实践模式的探索

高等职业教育培养技术技能型人才必须而且只能通过实践训练才能获得，实践实训、工学结合是普通教育与职业教育的最大区别。高职的专业教学是在学校课堂和社会课堂（产业实践）中交互完成的。因此，校企合作的深度和质

量对高职教育的质量具有决定性影响。我国曾经学习德国的双元制，美国、加拿大的 CBE 教学模式，日本的产学合作等先进的办学模式，但由于各国之间文化、政策、社会经济、人口等存在较大差异，难以对其直接仿效。

因此，根据我国的具体国情，探索具有中国特色，符合中国国情的高等职业教育模式是各高职院校努力的方向。产教融合、校企一体化正是近年来各高职院校不断探索的职业教育办学模式、教学模式，力图通过"厂与校"内在的结合和统一，解决校企合作的教学实践问题，使职业化认知、专业化技能训练、技术化能力养成等得以有机融合。产业、市场、教育三者找到自身发展规律的共性，破解校企深度合作的难题，实现教育与产业、学校与企业、专业与岗位的良性互动。

校企一体化是在市场机制作用下各利益相关者长期博弈、合力推动的结果，政府、学校、行业企业是校企合作中重要的利益相关者，他们以市场为契约，以利益共赢为目标组成了利益关联共同体，通过人才培养这条纽带，实现各自的利益需求。地处浙江温州的浙江工贸职业技术学院秉承温州人的市场意识精神，在办学实践中探索出具有"浙工贸"特色的校企一体化办学模式，探索产教融合、校企一体化办学模式的长效机制与教学规律，构建了现代高等职业教育生态链。浙江工贸职业技术学院利用自有资源，建立了浙江创意园、温州知识产权服务园、省级国际服务外包示范园三大园区，三大园区融高职教育教学改革与园区建设于一体，在引领区域产业发展和提高人才培养质量方面取得了良好的效果。

（一）校企一体化办学模式探索

校企一体化是高职教育共同关注的一个热点问题，是职业院校与行业企业共同探求学校教育与企业生产之间相融互化、互利共赢的结合因子，通过机制构建维系、保障彼此的利益。学校与企业本来是独立的两个主体，两者间存在着某些价值诉求和利益相关的诸多要素，这使学校教育与企业生产相得益彰，真正体现出了教学性生产与生产性教学的结合，这就是校企一体化的基本形态。

通过一体化构建使学校主体的"教"与企业主体的"产"相互融合，这种融合需要各参与主体发出内在的主动性，这种主动性以利益追求为驱动，以契约为纽带，以共有平台为依托，形成了你中有我、我中有你的格局。浙江工贸职业技术学院抓住了参与主体的内在本质，实事求是，构建了"五位一体"联动机制，形成了各主体合作的长效机制。这五位主体是：政产学研市，即政府、产业（行业企业）、学校、科研机构和市场。

"五位"中政府体现了办学方向、项目和经费的主导性；行业企业体现了全面参与学校教育过程的引导性；学校体现了育人服务和社会服务的主体性；科研则是五位一体质量的保障，也是五位一体的动因；市场及社会是服务的起点和终端，承担评价与检验校企一体化人才培养质量的功能。五个要素有机整合，形成了一体化的"教育服务利益联合体"。通过利益互赢、责任共担、契约化管理确保校企一体化"产教"的深度融合。

（二）校企一体化教学模式探索

高职产教融合、校企一体化教学模式，是指高职院校与相关企业基于高技能专门人才培养，实施教学性生产与生产性教学紧密结合，确保校企利益双赢的运行机制和方法。通过高职与企业深度融合的体制机制，探索产教融合、校企一体化的教学规律。

浙江工贸职业技术学院校企一体化教学模式以专业建设与课程建设改革研究为切入口，探索企业全面参与学校人才培养过程的规律和校企协同育人的实践路径，全面推行生产与教学、质量监控与评价为一体的教育改革。形成了校企一体化的办学模式、产教一体化的教学模式、学做一体化的学习模式，突出了对职业核心能力、岗位迁移能力和可持续发展能力的培养，实现了毕业证、职业资格证、顶岗工作实习证"三证"并举，形成了校企合作协同育人的"三三制"模式，从根本上提高了教学质量，提高了学生的职业技能。

（三）一体化实践的平台建设探索

破解产教融合、校企一体化中教与学有机融合的问题，需要搭建一个各主体共同参与的共有平台，这样才能针对教育主体的教学流程和生产主体的工作流程，通过节点关联和双方利益保障，促使一体化的生成，有效解决高职教育校企合作"一头热一头冷"、产教貌合神离的困境。为进一步保障产教融合、校企一体化有效运行，浙江工贸职业技术学院创建了"学园城"一体化的新平台。

这是产教融合、校企一体化质量保障的前提，其着力点是以学园城一体化的新平台为依托，着眼社会发展及其对应用型人才的需要，高职教育与地方经济建设、行业企业转型升级紧密结合，不断深化人才培养模式的改革。在此基础上探索并形成了一套较为完整的共有平台运行机制，即建立教学生产共时、技术资源共享、课程体系共构、专业队伍共建、校企利益共赢的"一体化目标"平台机制，探索课程范式项目化、课程组织多样化、课程实践生产化、课程成果一体化的"一体化课程"。

教学、生产共时，要求学校的实践教学计划及安排，要结合企业的生产时性，即企业安排学生的实践岗位要尽量考虑与实践教学的计划和内容相联系。技术资源共享,就是强调高职的人力、智力、研发等优势与企业的生产、技术、市场化等优势充分整合,使之成为教育与生产共享的资源。课程体系共建,就是把专业课程与具体的专业核心能力结合起来,专家与行家共同为学生制定课程。

  专业队伍共建是优势互补、资源共享的重要体现,让合作专业的教师成为企业的技术顾问和新产品研发的骨干,让企业的技术师傅成为学生生产实践的指导教师,以提升校企双方专业团队的实力。校企利益共赢,是一体化所追求的最终目标。浙江工贸职业技术学院教学平台与企业生产性平台的一体化,使育人与生产有机地结合,责任共担,实现了"产"与"教"在过程上的深度融合,把职业教育融入了产业,从而在根本上改变了校企合作"两张皮"的状态,切实提高了人才培养的质量。

第二章 新时代高职院校产教融合的基本建设

在现代职业教育进入产教融合的新时代背景下,高职院校要加强产教融合的基本建设,以深化高职院校教育改革,突显我国高职教育人才培养的阶段性发展特征与类型特色。本章主要阐述的是基本制度建设、组织结构建设、岗位职责要求和学生管理要求。

第一节 基本制度建设

一、保障制度

(一) 政策扶持制度

当前产教融合的主动权在企业,学校和企业之间还没有建立稳固的产教融合双赢机制。因此,政府在宏观调控政策方面应有相应的配套优惠政策和激励措施,来调动企业的积极性。成功的产教融合是建立在互惠互利基础上的,合作的目的是"互惠双赢",应该享有对等的权利与义务。因此,产教融合既要强调企业的义务,又要保障企业的权利。例如,参与产教融合的企业具有享受税收优惠、人员补贴、科技优先制度的权利,在产品开发、贷款等方面享受优惠政策;具有要求高职院校确保企业正常生产秩序的权利;在培养目标、专业建设、课程设置、教学形式、实训实习,以及师资队伍建设诸方面具有充分的话语权等。

(二) 协调制度

产教融合的发展受制于区域的经济和教育发展水平,反过来又促进了地方经济的发展和职业教育的繁荣。因此,除了健全完善有关政策与法规,政府还应设立专门的协调机构来调节、规范和推动产教融合。专门的政府协调机构应充当产教融合的推动者、协调者和监督者,其主要职能主要包括以下几方面。

①研究产教融合的发展规律和存在的问题，为制定法律法规和优惠政策提供理论依据和实践指导；加强产教融合管理，用法律形式确保合作关系的稳定；协调产教融合过程中出现的矛盾和问题，探索产教融合的创新模式。

②引导企业参与产教融合，为高职院校和企业合作提供平台。例如，搭建合作平台，组织产教融合论坛等，努力创建校企资源共享、优势互补与互利双赢的合作机制。

③监督、评价和激励。监督校企双方对协议条款的履行情况、企业的合作(服务)态度、专项资金使用情况、产教融合项目进展情况、上报材料的真实性等。组织专家对产教融合成果进行评价，根据评价结果，落实参与企业应享的优惠政策和相应的奖励政策，激励企业参与的积极性。

（三）评价制度

1. 评价组织

（1）校内评价监控组织

校内评价监控组织要以校内第三方的角色进行定位，主要承担撰写学院年度教学质量报告、全校专业评估、高职院校教学质量保障，以及高职院校教学基本数据采集等职责。该组织要相对独立于各分院系，组织成员要能够脱离于具体的专业教学之外。

（2）教学指导委员会

各专业或专业群均设有专业教学指导委员会，该委员会的机构要充分考虑到专业带头人一类的专家、产教深度融合的行业企业，以及在读或毕业学生、家长代表，从不同的角度改善产教融合的专业人才培养质量评估体系。

（3）合作委员会

该机构主要承担学生实习教学质量评估任务。要充分调动学院与行业企业的积极性和责任心，行业企业是产教融合的重要推动力量。行业要加强人才需求预测，制定人才标准，参与课程改革，开展质量评价等；企业要全面参与到高职院校管理运行全过程中，积极参与办学、定制专业、探索双元制培养模式、共同开发课程教材，交换专业技术人员、开展联合科研，以及共建技术中心，提供培训基地和实习实训基地。合作委员会的主要职责是实训实习的质量监控，共建校内外实训基地，完善行业企业专家数据库，搭建产教融合的沟通交流平台等。

2. 评价内容

（1）教学质量评价

高职院校产教融合质量内部评价可以分为院校评价、院系评价和教师评价，重点考察产教融合的组织与领导、职责履行、合作成果、人才培养方案、人员交流、项目建设、基地建设、毕业生社会声誉、教师成果转化等内容。校内评价以教学督导、专业评估为抓手，组织教育专家、专业领域专家和教学管理等部门进行全面、定期的监控与评价，理论学习以"够用"为度。

校内外教学和实训课堂主要是对校内实训条件、教学内容及岗位适应度、企业人力资源、工作团队、技术培训、订单完成、文化提升、流程再造、新产品开发、新技术引进、企业品牌升值等方面进行评估。学生岗位能力形成以"实践"为主，不定期邀请行业企业专家进入校园课堂、实训车间对教学内容、方法进行诊断，以提高课堂教学与就业岗位的匹配度，提升专业人才培养的总体水平。

（2）实习场地评价

实践教学是学生岗位能力培养的重要环节，实践教学的实施对教学时间的安排、实训场地的条件、实习设备的配备等物质保障有较高的要求。校内外实习教学评估，应注重对教学时间、实训场所、设备设施等保障条件进行评估，尤其是对实训实习场所建设、运行、管理，以及实际绩效等方面进行评估，对发现的问题要及时提出整改意见，并加以落实。评估实施小组要形成定期进实验实训场所调研的制度，并在一定范围内进行通报。

（3）学习过程评价

通过产教融合，校企双方都会在人才培养标准、课程设置内容，以及对岗位的基本技能方面进行全面的研讨，并形成一系列理论教学模块、技能教学模块、素质教育模块等教学体系，对这些教学内容的实施和监控往往是重点。但是对学生学习过程的监控，以及对学生学习效果的评价往往会过于宽松，尤其是素质和素养方面的评价难以量化，恰恰这也是企业选拔学生的重要条件之一。实践过程的技术指导与技能评价，以及毕业设计所体现的技术创新能力和学术素养的评价最能充分反映出学生的学习过程和学习效果，加强这两个方面的评估有利于人才培养质量的提高。

3. 评价方式

（1）量化考核

在产教融合的人才培养质量评估体系中，应逐步完善可以量化的评估指标，将无法准确量化的评估指标逐步进行量化，最终形成一个较为系统和完善的量化考核体系。该体系应能体现理论教学和实践教学的过程、质量，对学生的技能、学识、素养，以及未来发展的潜力进行较为准确的评估。

（2）信息化评估

由于评估过程涉及的空间场地范围正在逐步扩大，教学按照模块化、岗位化方向建设正在细化，教学过程涉及的管理、服务、教学与学生等角色众多，形成的考核信息也十分丰富。要快速分析和处理这些数据，所需要的人力、物力和时间投入将是巨大的，仅仅依靠传统的人工方法进行分析统计，甚至无法完成本应完成的教学质量评估工作。智能终端和发达的现代信息技术，便于进行教学质量评估、原始信息的采集、大量数据的统计分析，以及最终分析报告的传阅与公开。

（3）第三方评估

高职院校很重视院校内部的质量监控和评估工作，随着上级教育主管部门将教育质量评估逐步放开，第三方中介评估机构的市场正在形成。通过充分利用第三方评估机构的评估力量和相对独立性，可以更为全面和客观地反映出教学质量的真实情况。具有官方背景的教育评估研究院、具有专业人才的专业评估机构，或者是行业组织等，都可以成为具有说服力的第三方评估机构。

（四）联合培训制度

鉴于目前一些企业只选用人才而不参与或很少参与人才培养的现状，应鼓励企业立足长远，树立成熟的合作办学思想，树立打造现代化的"学习型企业"的思想，把参与职业教育、产教融合作为企业上台阶、上档次的重要途径，形成企业与学校共建人才培养培训联合体制度，具体包括以下内容。

学校与企业共同培养学生。依据人才市场调研、区域经济发展现状及趋势和国家的产业政策等，由学校与企业的工程技术人员共同制定人才培养方案、教学大纲，围绕职业能力和素质共同精选教学内容，确定教学方法和手段；学生在企业生产实践与在学校学习交替进行，通过学校和合作企业的双向介入，把学生在学校的理论学习、基本训练与在企业的实践学习有机地结合起来，实现校企"零距离"、理论与实践"零间隙"、毕业生上岗"零过渡"，满足企业的人才需求，同时提高学生的职业素质和学校的办学水平。在合作办学过程中，还要极大地调动企业办学资金投入和资质整合投入的积极性。

学校与企业共同进行企业员工的培训。企业内部的教育与培训要形成制度，学校与企业共同对企业的富余人员和已在企业的实习生搞好专业拓展；根据企业产品升级、技术改造的需要，共同抓好员工的转岗培训；共同解决企业亟须解决的技术、管理、生产以及劳动力问题，形成相互依赖的"利益共同体"，使企业切身感受到校企共同培养培训人才的重要性。

（五）专家工作室制度

为鼓励名师、名专家在专业上有所作为，并希望借此平台带领一批教师与学生在创新方面有所建树，可设立产教融合的专家工作室制度。

1. 工作室模式

①学校提供场所，企业出资金，委托校方购买工作室所需的设备和耗材。
②学校提供场所，由企业提供研究所需的设备、仪器及耗材。
③由企业或工业园区提供场所企业提供设备、仪器及耗材。
④由学校与企业共同提供设备、仪器及耗材。
⑤由学校提供场所，由学校提供设备、仪器与耗材，企业提供项目。

2. 工作过程

①准备文件，包括申请报告、团队成员介绍、已有的工作基础、与企业签订的协议、分期工作目标和总目标、经费保障，以及产生的影响。
②向学校提出申请。
③经相关部门审核评价。
④选出优秀者，获得学校批准。
⑤组织实施。
⑥到期退出。
⑦经费主要由企业提供，也可以用其他方式筹集。学校可提供适量配套经费，或仅立项不提供经费。

二、规范性文件

原则上，产教融合办学需建立下列相关文件。对于不同企业、不同的合作方式，会有不同的文件，下列相关项目可做参考。

一般文件：合作办学董事会章程；产教融合策划方案；产教融合办学论证报告；合作办学协议书。

制度文件：合作办学管理办法；合作办学师资管理办法；合作办学资金投入管理办法；合作办学招生与就业管理办法；合作办学教学管理办法；合作办学实习管理办法；合作办学科研技术服务管理办法；合作办学专业建设管理办法；合作办学学生权益保障办法。

第二节 组织结构建设

一、办学结构

产教融合设有相关机构，校企双方人员都可在这些机构中任职。应对的机构可分为决策层、执行层和操作层，以下的机构可供参考。

（一）决策机构

①董事会，下设董事长、副董事长、董事。
②校务委员会，下设主席、委员。
③理事会，下设理事长、副理事长、理事。
④产教融合委员会，下设主任、委员。

（二）执行机构

①产教融合办公室，下设主任。
②产教融合执行委员会，下设主任。
③产教融合服务中心，下设主任。

（三）操作机构

①专业指导委员会，下设主任、委员。
②企业教学评价委员会，下设主任、委员。
③专业建设委员会，下设主任、委员。
④合作二级学院，设院长、副院长，必要时可设名誉院长。
⑤其他机构，可根据实际情况设置职位。

（四）监督机构

产教融合成立监督机构一般是为了更好地促进双方合作顺利开展。监督机构一般是由政府监督管理部门和第三方企业或者政府认可的第三方评估公司或者担保公司担任。对双方合作开展的项目进行专业评估和权威发布，成立产教融合监督委员会，由委员长、机构委员，以及双方高层领导人担任组成。

二、合作双方的权利

（一）企业的权利

①参与制定、修改合作办专业的人才培养方案的权利。
②根据人才培养方案安排学生到生产线或岗位上顶岗实习的权利。
③要求校方给予技术服务的权利。
④保护企业知识产权的权利。
⑤参与安排教学活动与实践的权利。
⑥指导学生在企业实践的权利。
⑦运用进驻在校的设备按规定进行生产的权利。
⑧参与合作办学的决策权利。
⑨提出合作专业招生的数量的权利，优先挑选优秀毕业生的权利。
⑩获得评选优秀兼职教师、优秀指导教师称号的权利。

（二）高职的权利

①尊重教学规律、依法治校的权利。
②拒绝企业素质不高、对教书育人有不良影响的兼职教师来校任教的权利。
③保护学校知识产权的权利。
④按合作协议规定使用企业投入资源的权利。
⑤谢绝不适合在校生产或经营要求的权利。
⑥保护学生权益的权利。
⑦让学校发展的权利。

三、合作双方的义务

（一）企业的义务

①吸纳或推荐本专业学生就业的义务。
②保障学生权益，保障学生顺利学习与生活，保护学生安全的义务。
③遵守学校规定的义务。
④教书育人的义务。
⑤帮助建立教学资源库的义务。
⑥在企业构建职业教育功能的义务。
⑦培训学校教师的义务。

⑧提出校企双赢共同发展计划的义务。
⑨参与校方有关教学、招生、实训、科研、培训、服务、就业等工作的义务。
⑩配合学校或第三方对在企业工作或实习的学生跟踪调研的义务。

（二）院校的义务

①尊守企业规章制度的义务。
②向企业推荐毕业生就业的义务。
③受企业之邀，根据自身能力提供有偿或无偿技术服务的义务。
④培训企业兼职教师，提升其教学能力的义务。
⑤受企业监督，用好企业资金合作办学的义务。
⑥保护企业知识产权与保守企业技术秘密的义务。

第三节　岗位职责要求

一、校级领导的职责

校级领导与企业负责人就合作战略、合作的模式做出决定，签署有关协议。分管产教融合的校级领导指导下属职能部门与相关院系进行联系、谈判与起草协议，协调职能部门与院系在产教融合中的资源分配。在重大项目谈判时，分管产教融合的校级领导应出席参与，并视需要考察合作企业。

二、院系领导的职责

院系领导负责联系企业与项目，做初期的谈判，介绍学校的资源，提出产教融合的基本设想，布置产教融合项目，决定合作项目负责人，检查合作项目的落实，提供产教融合项目绩效评价的材料，提出合作协议的初步方案与要点，向主管产教融合职能部门报告与备案。

三、教务处的职责

教务处教师负责联系企业，将企业的合作意向及时向院系领导转达，承担产教融合项目负责人或参与产教融合活动，维系校企间的联系，落实毕业生在企业就业。

四、合作办公室的职责

①组织校内相关人员对企业、行业协会等单位进行调研，组织有合作意愿的企业、行业等有关人士进校参观座谈。对经济技术发展引起的用人需求及标准变化的信息要及时掌握，并向相关院系通报。

②协助校领导制定产教融合的战略。

③组织统筹全校的产教融合项目，向校长提出全校产教融合的战略草案，策划全校的产教融合活动，制定产教融合管理办法，指导全校产教融合的设计与实施，针对学校的专业与实际情况，起草产教融合协议，引进合作企业。

④组织产教融合项目的签约、挂牌仪式，包括一年一度的合作大会与相应的产教融合活动。

⑤提供产教融合的协议模板，撰写产教融合的管理文件。

⑥主动与政府相关部门联系，与行业协会、商会和企业相关部门联系，向其推介学校，表达合作意愿。对与学校合作的政府与行业协会等相关部门、商会、企业进行平时的关系维护，及时向相关院系与专业通报企业行业信息，组织产教融合协议的签署仪式，组织实习基地的挂牌仪式。

⑦要评估产教融合项目对学校人才培养、科研开发、社会服务等方面的作用和效益，还要评估项目对企业的正面与负面作用，并组织专家对项目进行评审。

⑧检查、监督产教融合项目的实施，制止违规行为。组织产教融合项目的检查与绩效评价，及时提出产教融合项目实施过程中的问题，了解项目进展缓慢的原因，对实施不力的项目提出警告，撤销无实施或绩效评价差的项目及协议合作到期项目。

⑨提供产教融合案例，总结产教融合经验，为兄弟院校做示范。对实施项目的结果进行奖惩，总结产教融合的经验与教训，推广优秀项目的经验，批评实施不力的项目，监控产教融合中的腐败行为。

五、企业联络员的职责及要求

（一）企业联络员的职责

有条件的企业对校企深度融合办学的学校可派出联络员长驻学校。

①共同做好招生宣传，参与制定产教融合战略，尤其是订单班的招生简章。

②做好招生的专业咨询工作，回答应届高中生与中职学生的报考咨询。

③与学校一同做好新生的入学教育工作，介绍专业的前景与企业的工作情况。

④做好学校的调研工作,将学校与企业的差距进行对比,及时做好学校与企业双方的沟通汇报,在很短的时间内进行纠偏。

⑤深入学生中了解情况,针对学生的现状,要求校企双方联合修改人才培养方案、课程教学大纲和课程标准等。

⑥与学校的教师一同组织与参与精品课程的合作建设、新课程的开发、实验实训室的建设、科研开发和教材编写等。

⑦与教师、教研室主任、系主任乃至校长进行沟通联系,对产教融合提出改进与建议,避免将产教融合变成松散的结构形式,通过不断的联系保持紧密与具有约束力的关系。

⑧安排学生实习,加强由企业方对学生进行的就业指导,联系学生就业。

⑨做好面向社会的培训工作。

⑩将企业文化以恰当的形式影响给学校,做好企业面向学校与社会的科技推广工作。

(二)企业联络员的要求

①具有丰富的企业生产和服务经验。

②深刻领会企业的意图,善于将企业的意图与学校的现状相结合,做出合理的安排,某程度上可代表企业做出决定。

③热心职业教育,对职业教育有较深刻的理解。

④对企业用人之道有一定的体验。

⑤能深入企业生产一线与学校教学一线,掌握校企双方合作的脉搏,以有助于产教融合的加强。

六、班主任的职责

①关注学生在企业的工作、生活和思想情况。

②了解学生适应企业的情况,如果学生有不适应的情况,应及时做好开导工作。

③了解企业对学生的工作安排,若有异常,应将情况及时向有关老师通报或向学校领导汇报,或及时转达学生的投诉。

④处理好学生在陌生的企业环境中所产生的心理问题,鼓励学生到生产一线实习,有针对性地做好素质教育,关注实习学生的身体健康,了解实习环境对学生的身心影响。

⑤必要时,与学生的家庭取得联系,向学生家长报告学生实习的情况。

⑥掌握学生在不同的企业中所遇到的问题及解决办法，将某学生的成功经验介绍给其他学生，通报其他同学在企业实习的情况。

⑦与企业方安排的实习指导老师取得联系，及时掌握学生的表现与思想动态，以便有针对性地做好工作。

⑧及时将学校的有关情况、信息向学生通报；转达企业没有直接向学生发布的信息；涉及学生就业、考证、毕业、答辩等信息时，要第一时间通知学生，并加以落实。

⑨若条件允许，班主任需到实习现场看望学生。

⑩继续做好学生职业生涯的设计辅导工作。

第四节 学生管理要求

一、学生权益保障

（一）避免作为廉价劳动力

企业不能将学生作为廉价劳动力使用。尤其是实习学生总人数超过企业员工数的企业要慎重进入，不能变相将学生作为廉价劳动力使用。

（二）保障安全

企业要为学生提供安全的生产、劳动、实习学习与生活环境，不得将危险或危及安全与健康的工作交由学生完成。

（三）按劳付酬

即使是实习期间的顶岗实习，也要按照企业劳动付酬规定支付学生劳动报酬，学校也不能变相扣押企业支付的劳动报酬。

（四）岗位轮换

学生不能长期在低技术劳动岗位上从事简单劳动，必须根据培养的具体要求适时给予不同岗位的实习安排，并注意工作岗位要有技术含量。学生不得从事对身体健康有影响或从事不适合学生顶岗的劳动与活动。

（五）避免歧视

除特殊工种或岗位要求外，企业不得对学生有性别歧视、身体缺陷歧视，或对不同地域来源的学生有地方歧视。不论企业的规章制度如何，不得对学生进行打骂和侮辱。

（六）保护知识产权

学生在企业实习时发明的专利要给予保护，不得剥夺或盗窃学生的发明与技术创新，也不能无偿占有。企业进驻学校后，不可与学生争用资源，更不能损害学生的权益，要保障学生的安全。

（七）购买保险

学生在企业工学交替与顶岗实习时，要购买健康综合保险，而且学校与企业中的一方要为其购买意外、工伤、医疗保险。若企业方与学校有长久的合作关系，则趋向于由企业为学生购买。

二、学生心理调节

学生到企业实习，将会产生新奇、好奇、观察、不适应、反感、接受、抗拒等多种心理反应，要让学生健康地完成实习任务，就要做好学生在产教融合中的心理教育与调节。特别是要有针对性地对一些心理脆弱的学生做好相关的调节工作。

（一）规章制度教育

针对学生到企业的时间分段做工作，分为认识实习、生产实习与顶岗实习三种。其中，应就目前企业的规章制度、管理、企业文化、特色等先做调查，并将结果向学生介绍，告知学生应做的准备。

（二）适应性教育

如果学生不习惯企业的管理，也要给学生一个适应的过程，包括迟到、早退、旷工的处罚，违反厂规的代价。企业的一些特殊规定要在学校里就提前对学生进行声明。

企业工人素质良莠不齐，要教育学生准备面对出现的新人际关系，并能逐渐适应，还要引导学生适应在不同的企业人员的指导下实习，并及时做好跟踪、引导、安抚、开解和教育等工作。注意在上班前或上班后分别做工作。

（三）对不合理制度的反应

个别企业会有一些不甚合理的规定，要教育学生学会适应，告知学生不是去改变企业，而是要适应企业。即使不合理，也要学会忍受。若企业规定明显不合理，将会影响大量学生的实习情绪，校方应及时与企业沟通以便改进。当沟通无效，校方所做的工作无法平息学生情绪，有可能进一步恶化并引发重大事件时，校方应果断中止相应的行动。

（四）对接受负面消息的反应

现代信息传播速度快，通信技术发达，学生很容易就会将在实习时的一些负面的东西放在网络上，其不良影响是很大的。为应对学生的这一反应，学校的宣传部门、各院系、各相关专业教研室与专业老师，还有产教融合的管理部门，要积极与学生沟通，对网络上的消息要有正面的引导，避免负面文章一面倒地出现，让学生在网上可以看到不同角度、不同反映的文章，学生在老师的指导下自然会做出正确的判断。

三、思想政治教育

①学校和企业双方都有共同做好学生思想政治工作的义务。

②企业要从培养人才的角度，首先对学生进行职业道德教育，也要从法律的角度对学生进行教育。

③学校要与企业联手共同做好学生的思想品德教育，及早发现学生当前的思想问题，有针对性地制定教育方案，做好教育工作。

④避免不良文化的影响，当发现企业有不良文化对学生会产生影响时，学校要主动进行相应的处理，让学生在良好的道德影响氛围下成长。

⑤企业若发现学校的思想品德教育与社会脱节，要主动向学校提出改进，并争取尽快实施。

⑥可采用双班主任制度，即学校与企业各出一名班主任，共同做好学生的思想政治工作。

⑦必要时，也可采用双辅导员制度，即学校与企业各出一名辅导员，共同做好学生的思想政治工作。

四、党团工作规范

①在学生实习时间较长、实习规模较大的情况下，应组建相应的党组织与团组织。

②若党团员人数较少，要与当地党团组织取得联系，在其指导下参加相关的活动。

③学校在有可能的情况下，派出专人指导在顶岗实习中的党团活动。

④教育党团员在企业中要注意做好先锋模范作用，带领全班同学完成企业实习任务，并发挥党团员骨干作用，帮助其他同学。

⑤根据企业的实际情况，组织与企业密切关联的党团活动，如参观当地企业、参观当地的革命历史博物馆、学习当地的社会文化等有关资源，组织相关的活动，丰富党团生活。

五、招生与就业管理

（一）招生形式

产教融合会涉及招生，招生有以下两种形式。

1. 学历教育招生

①在应届的普通高中毕业生中通过正常高考考取。

②在应届的职业高中、中专、技工学校毕业生中通过"三校生"高考考取。

③在应届的普通高中毕业生中通过单独招生考取。

④在应届的"三校生"中通过单独招生考取。

⑤在应届的普通高中毕业生中通过单独招生与对口招生考取。

⑥在应届的职业高中、中专、技工学校毕业生中，通过单独招生与对口招生考取。

⑦通过单独招生面向社会招收毕业已有两年的大专生。

⑧通过成人高考招收社会各类学生。

2. 非学历教育招生

①面向社会的培训招生。

②面向企业的培训招生。

③受企业委托，面向中职的企业招工式培训招生。

④受企业委托，面向农村富余劳动力、复退军人等的企业招工式培训招生。

（二）就业途径

1. 就业信息的获取

①校园招聘会。

②报纸杂志做广告。

③校友互相通报。

④印发毕业生信息。

⑤在专业学会、协会、商会召开年会时发放毕业生信息，请学会、协会、商会代为发布毕业生就业信息。

⑥请专业教师提供企业就业信息。

⑦产教融合的企业方提供就业信息。

⑧企业兼职老师为企业带去毕业生信息，为学校带来就业信息。

⑨通过网络发布毕业生信息。

⑩到企业实习锻炼的老师分别为学校与企业通报企业就业信息和毕业生信息。

2. 就业的途径

①在合作企业就业。在就业前，至少应在企业顶岗实习半年以上。合作企业方要做好相应的安排。企业通过顶岗实习可知学生的表现是否合适在本企业就业。若企业拒绝个别不适合在本企业就业的学生时，校企双方也要做好工作，做出让其到其他企业就业的安排，同时顺势告知学生就业的优势与劣势。

②在其他企业就业。即使是在订单班，也要允许产教融合办学专业的学生在其他企业就业，包括曾获得由企业颁发的订单班奖学金的获得者，不能强迫其在本企业就业。

③在国外企业就业。允许学生在国外的企业就业。这些企业包括国内的外资企业或设在国外的企业。

④自行创业。在条件适合时，鼓励学生自行创业。校企双方都可根据学生创业的方向给予指导，包括政策的解读、创业条件的支持等方面。

第三章 新时代高职院校产教融合的程序与内容

当前，我国经济发展进入了新常态，科技革命和产业革新使得新业态、新模式、新技术不断涌现。产业的革新升级对人才的创新性、实践性提出了更高的要求，高职院校人才培养模式的创新势在必行。加快校企协同育人、推动产教融合成了高职院校转型升级的"助推器"、促进就业的"稳定器"、人才红利的"催化器"。深化产教融合是进一步推动教育与经济社会协调发展，加快经济发展新旧动能转化的必然要求。本章将对高职院校产教融合的程序与内容进行具体阐述。

第一节 新时代高职院校产教融合的程序

一、产教融合的概念与由来

（一）产教融合的概念

产教融合是一种价值取向，体现在宏观职业教育体系与国家产业体系的结合，以及高职院校办学与人才培养合作模式的创新上。具体来说，这意味着教育和工业应该突出教育和生产结合的深度和广度，形成平等互利的和谐关系，充分利用工业、企业和政府部门的教育资源和环境，实现优势互补和合作教育的效果，从而实现学生、学校、企业和社会的"多赢"。

产教融合最初源于生产与教学的结合，这意味着职业学校可根据自己的专业积极建立专业产业，紧密结合行业与教学，相互支持，相互促进，使学校成为集人才培养、科研和科技服务于一体的行业管理实体，形成校企结合的模式。

产教融合的基础是"生产"，也就是说，专业实践教学必须基于产品的实际生产，这样教师才能教授出真实的水平，学生才能学习到真实的技能。这种"生产"不是简单的工厂生产，而是必须与教学紧密结合。它的目的是"教书"，当生产和教学的结合相对成熟时，就会逐渐发展成"生产、学习和研究"。学校也会真的有能力"生产、学习和研究"。高职院校已经适应了市场的需求，它们的形成和发展能力已经付诸实践，并为加强和优化奠定了基础。

（二）产教融合的由来

在现代意义上，生产与教育相结合、工作与学习相结合的教育模式最早出现在英国，但现在世界上比较公认的创始人是曾任美国辛辛那提大学（University of Cincinnati，简称UC）工学院院长的赫尔曼·施耐德（Herman schneide）教授。直接原因是，他发现学生无法在教室和书本中学习实用技能，只能在工厂车间学习，所以他组织学生在生产实践中学习，然后回到教室。然而，作为一种教育模式，它尚未付诸实践。以前，它主要指教育和生产劳动的结合，或者教育、生产和科学研究的结合。1984年，原国家教育委员会的一个代表团在访问加拿大滑铁卢大学后，认为合作教育作为一种教育模式值得中国学习。

20世纪90年代初，中国学者根据中国国情将合作教育命名为"产学合作教育"，并在1991年4月成立的中国产学研合作教育协会上对此进行了解释。他们认为，工业和学习之间的合作教育是在学校和雇主之间的合作中培养人才，以突出企业和学校在合作教育中的地位和作用。同时，它也不同于苏联提出的基于人道主义和民主化的合作教育。但后来随着形势的发展，科研的作用更加突出，于是在1995年12月中国石油大学（北京）召开的中国产学合作教育协会年会上，"中国产学合作教育协会"改名为"中国产学研合作教育协会"。但无论怎么修改名称，其基本内涵不变，仍是学校与用人单位合作培养学生。

二、高职院校产教融合的意义

高职院校产教融合是高职院校和企业基于不同利益寻求共同发展的一种组织形式。具体而言，产学研合作是指职业院校与行业在人才培养、科学研究和技术服务领域的各种合作活动。这是一种利用学校和企业的教育环境与资源来培养学生的综合素质，将课堂教学与生产实践相结合，培养高端技能人才，满足一线生产、建设、管理和服务需求的教育模式。

（一）资源整合、推进高校软硬件的建设

中国高职院校的资金来源主要取决于地方政府的投资。资金不足的问题严重制约了高职院校的发展，影响了高职院校的教学设施、师资培训和师资队伍建设。高职院校产教融合可以有效解决高职院校发展资金不足的问题。通过企业投资和校企资源整合，促进高职院校建设，提高高职院校人才培养水平。

（二）推动人才培养模式改革

高职院校产教融合也可以促进高职院校人才培养模式的改革。在生产教育一体化和校企合作的过程中，企业参与人才培养的全过程，并与高职院校共同制定专业标准、课程标准、人才培养方案、人才培养目标、教学计划等。在人才培养过程中，企业可以带来行业发展水平和专业岗位的实际生产等相关信息，使高职院校的教学更符合岗位的实际情况，培养出来的人才更符合专业岗位的需要。

在人才培养模式的制定中，高职院校产教融合可以使高职院校的人才培养朝着标准化、规范化方向发展，使高职院校的人才培养更加符合实际需要，提高高职学生的专业水平，促进高职学生就业。

（三）加速"双师"素质师资队伍建设

高职教师在高职教育中扮演着重要角色，教师水平是影响高职院校教育水平的重要因素。因此，为了提高高职院校的教学质量和人才培养水平，有必要加强高职院校教师队伍建设。通过高职院校产教融合的深度整合，以及学校与企业的整合，高职院校将有助于提高教师水平，培养"双师型"教师。

（四）培养综合素质人才

高职院校与企业合作的目的是培养人才，因此，高职院校产教融合培养人才对他们的职业发展具有积极意义。通过高职院校产教融合，学生可以去企业实习。通过工作实践，学生可以提高实际工作能力，积累工作经验，为将来的就业打下良好的基础。在企业环境中练习将会帮助学生尽快适应工作环境，完成从学生到员工的角色转变。在实践中，学生可以对行业和工作有直接和深入的了解，这样学生可以清楚地定义自己的职业方向和发展方向，以及职业规划。学生也可以通过实践来培养职业精神和道德，以提高他们的综合素质。

（五）提高企业效益和社会声誉

高职院校产教融合不仅可以促进企业在内部改革和转型中发挥主导作用，承担更大的社会责任，还可以为企业提供人才支持和技术支持，提高企业效率和社会声誉。一方面，职业院校的专业教师可以为企事业单位开展员工培训、信息咨询、技术开发、产品设计和项目策划，促进积极的改革创新，增强科技实力；另一方面，来自高职院校的学生可以直接进入企业进行在职实践培训，为企业和机构提供季节性和可调整的高素质员工，降低企业的劳动力成本，增强企业的生产调整能力，达到提高效率和增加收入的目的。

（六）将教育与生产劳动相结合

随着社会的不断发展，教育过程和生产劳动过程这两个独立的社会活动越来越有着不可分割的内在联系。教育和生产劳动之间的联系是社会发展的必然结果，不是由人类意志转移形成的。高职院校产教融合实际上是工业和教育的结合，学校教育与企业生产的结合。在工业和教育一体化及校企合作中，学校属于教育领域，而企业属于生产劳动领域。这两个领域原本是两个独立的领域，但是随着生产力的发展，大工业的生产方式已经出现，教育和生产劳动的关系越来越密切。

简而言之，教育和生产劳动的结合一直是教育理论家讨论的一个主要问题。尽管存在差异，但以下几点是共同的理解。

①教育和生产劳动相结合是大规模工业生产的需要，这是客观并且不可避免的，有不以人的意志为转移的规律，任何偏离客观基础的、主观的、人为决策的，以及强行实施的，将不可避免地导致负面影响。

②教育和生产劳动相结合是发展生产的需要，这不是我们社会主义国家独有的，所有以现代工业生产为基础的社会和国家都必然会存在这一事实。

③教育与生产劳动相结合的目的不仅是思想政治教育，还是文化科学知识教育。知识和技能的传授，以及综合技术的培训在现代社会中也是至关重要的，是教育和生产劳动结合的重要组成部分。

④教育和生产劳动的结合不仅是一个人勤工俭学的体现，还是根据工厂法建立的初等教育、技术学校、农业学校、工人学校和技术学校。在现代社会，教育和生产劳动的结合可以根据不同的情况以不同的形式实施。

（七）教育与生产劳动相结合的基础

大工业的原则是将每一个生产过程分解成其组成要素，从而创造出一门完全现代的技术科学。在多彩的社会生产过程，将看似不相关的固定形式分解成自然科学，有意识地计划和系统地分类，以达到预期的结果。

因此，大工业的性质决定了劳动力的变化、功能的变化和工人的整体流动性。然而，如果我们说劳动的改变现在只是一个不可逾越的自然法则，并为我们自己开辟了一条道路，那么每当自然法则在任何地方遇到障碍时，它都会产生盲目的破坏性影响。然后，通过灾难本身，大工业已经做了以下重要的事情：认识到劳动力的变化，从而认识到工人在尽可能多的方面的发展是社会生产的普遍规律，并调整各种关系以适应这一规律的正常实现。

三、高职院校产教融合的程序

（一）校企双方洽谈的主要内容

①合作办学模式。
②合作办学目的与动机。
③合作办学投入，包括场地、房产、资金、设备、仪器、软件和耗材等。
④合作办学层次。
⑤合作办学机构组成。
⑥学校教学计划与企业生产的衔接问题。
⑦合办专业与招生，合作的学生年级与数量。
⑧学生实习与就业。
⑨人员、教师的安排。
⑩学校可提供的场地与教学行政用房，可建校中厂的场地与用房，包括面积、位置、承重、办公与设备安排、作用、具体人员安排等。
⑪企业可提供的教学与实训场地和用房，可建厂中校的场地及具体的安排。学生在企业的食宿安排。
⑫技术服务。
⑬学生的考核与评价。
⑭合作时间。
⑮企业收益。
⑯企业进驻学校后带来的交通工具停放、道路使用的问题。
⑰设备安全、防火、防污染。
⑱装修标准。
⑲明确双方的权利与义务。

（二）达成与签订协议

①起草协议。
②协议经高职院校产教融合办公室审查。
③涉及财务方面的条款要经审计处审查。
④视合作的具体情况，企业准备捐赠的设备、仪器或软件要请评估公司评价其价值。
⑤评估企业进驻后，学校所提供的水、电、网络、电话等资源的容量配置能否满足企业要求。如果不能，要考虑增容，增容的资金可由双方商定。

⑥起草协议，涉及投资或学校有投入、有收益的协议还应由审计部门审计。若有问题，应予以更正。

⑦由高职院校产教融合办公室主持协议签订仪式，双方签订协议。

（三）涉及招生的计划

纳入专业招生计划，要及早做计划或从中挑选出学生。

（四）实施协议

①装修相关场所时，在装修前，要将所有施工方案交由负责建筑物及水电的后勤部门、负责网络的主管部门、负责电话的院办审定后方可施工。施工、设备安装等操作日期不能与上课场所应用有冲突，其造成的噪声及影响应事先评估并采取措施予以避免。要有大致相当于环评的程序，确认不会造成不良影响。

②为取得学校相关职能部门的配合，在有必要的情况下，协议要交由相关部门备案。

③成立机构，企业正式进驻学校。

④保卫部门要发给企业进驻学校人员相应的出入证件及指定停车位置，并发给学校相应的管理制度册子。

⑤安排教学活动。

⑥安排相关的技术服务等工作。

⑦评聘企业教师。

（五）绩效评价与总结

在高职院校产教融合实施之后，要进行绩效评价，提交总结。

（六）结束合作

按协议规定，合作期限到后即终止合作。若还有继续合作的意向，可继续签订合作协议。

四、合作时间

一般普通的合作以3年为准，若合作顺利，期满后可续签合作协议。明显有利于学校的项目或深度合作项目可考虑至5年，5年内若合作顺利，可续签合作协议。若企业投入较大，或合作对学校的重要性明显，为维持较长久的合作或让企业放心，可考虑更长时间的合作。

若合作不理想，那么3年协议时间则按原协议规定的时间结束合作。若有的合作是以企业进驻学校的形式进行的，则要求企业在规定时间内撤出。若企业不想撤出，而学校方还想再观察，则学校最多只能与其再续1年的协议，1年到后若再无改进便坚决结束。若有改进并达到了所定目标，可再签约3年。

五、终止（中止）合作与撤出机制

（一）合作的终止与中止

①协议到期，合作自然终止。
②合作双方由于各自的原因中途中止的，双方可在合作中期终止合作。
③企业破产，协议失效，合作中止。
④凡校企任何一方提出中途终止合作时，需在三个月前提出。

（二）合作终止或中止后的善后工作

①学校按规定安排学生的学业，保证至毕业。
②原安排在企业学习或实习的学生完成一个单元（或以学期为单元）的教学安排后方可终止。若无法保证，学生应选择另一企业进行学习或实习。如无法协调，则应在校内完成相关的教学或实践任务。
③按原先的协议，企业准捐赠的设备与仪器可撤出学校。
④学校置于企业的设备可按规定撤出企业。

六、高职院校产教融合绩效评价不好企业的退出

（一）要求企业撤出

有些合作企业既没有很好地做好高职院校产教融合办学的事，又想占用学校的资源，通常校方在通过绩效评价后会让其撤出。

（二）整改不力要撤出

有些合作企业会提出改进。若学校确实有回旋余地，可让其整改，项目负责人需跟进。若在限期内没有明显的改进，则明确要求其撤出。

（三）对不正当手段的提防

个别合作企业会试图以不正当的手段保留合作项目，学校需提防这类企业以不正当的方式进行的操作。

第二节　新时代高职院校产教融合的内容

一、高职院校产教融合的主要模式

（一）企业配合型

企业合作的类型主要在于高职院校，企业处于辅助合作地位。具体来说，高职院校提出并制定了人才培养目标和教学计划，承担了大部分人才培养任务。企业只根据学校的要求提供相应的培训条件或协助实际教学任务。主要表现是在高职院校聘请专业指导委员会、教师到企业做市场调查、学生到企业进行实习等。由于学校和企业是独立的法律实体，各自没有共同的经济利益，它们的商业目标是独立的，企业没有义务和责任为学校培养人才，这种明显的合作容易出现"校热企冷"的问题。

（二）校企联合培养型

校企联合培养是指高职院校与企业联合培养人才。简而言之，这意味着学校和企业共同制定人才培养目标、教学计划和人才培养方案，在学校内外建立培训基地，并根据岗位群的分类确定职业能力结构和非职业能力素质的群体要求，从而根据企业的需要开展人才培养。学校向企业提供技术咨询和指导，开发项目和培训企业员工，对企业进行"订单式"教育，学生从定点实习中毕业并获得定点就业，企业和工业部等部门联合开展一些培训任务。

（三）校企实体合作型

高职院校和企业已经形成了具有相同商业目标的利益集团和联盟。具体表现是在学校建立企业（校中厂），在工业园区建立学校（厂中校），或者建立基于经济实体的生产研究合作模式。

1. 订单培养模式

学校与企业签订有针对性的培训协议，并根据企业的专业知识和技能制定培训计划，以满足企业对技能型人才的需求，学生将获得定点实习机会。实习结束后，企业将接受所有实习机会。

2. 实习基地模式

根据企业的培训目标和实际生产情况，学校和企业应协商确定教学计划和教学内容，企业应承担相关的教学管理责任，同时学校应任命教师协助管理。

3. 共享资源模式

首先,学校和企业共享设备和资源。其次,学校和企业共享人力资源。一方面,学校邀请行业和企业专家为学校培训教师和学生;另一方面,根据生产需要,企业分批派遣员工到学校进行培训,及时更新员工的知识结构,提高员工的整体素质,实现学校和企业的双赢。

4. 工学结合模式

为了实现教育实践教学中的校企融合与合作,学校可以开展校外实践教学,学生零学费入校,在企业一边学习,一边实践。

5. 产学研结合模式

高职院校与企业建立密切联系,共同开发人才和技术,转化成果,可以帮助企业利用学校的人才优势和科技成果,提高产品研发能力,促进教师、学生、企业技术人员和员工之间的角色交流。

6. 顶岗实习模式

学生在毕业前一年或半年完成学校的教学任务后,由学校组织在企业顶岗实习。

7. 校办企业模式

学校根据自己的实际情况经营自己的企业,或者企业将学校对应的车间搬进学校,以实现学习与生产相结合、生产与培训相结合、教师与教师相结合、学生与员工相结合的目标。

8. 厂内基地模式

该企业不仅要为职业学生提供在职实习的车间,还要专门设立培训和实习车间,配备固定的管理人员和专职指导人员,具有教学、培训和实习的功能。

9. 职教集团模式

职业教育集团模式是指依托行业,联合企业,加强学校与学校、学校与企业的联系,整合教育资源,实现资源共享、优势互补、共同发展的高职院校产教融合模式。

二、高职院校产教融合的主要内容分类

不同的企业在高职院校产教融合过程中会产生不同的内容,对此,学校要清楚了解合作内容的分类,按分类有所迎合和融合,努力做到双赢。

①培养人才类：共同制定人才培养方案；举办订单班；合作开发课程；合作编写教材；合作指导学生实践；合作推动专业建设；培养特定产品或岗位的人才和技能。

②科研开发类：合作申报纵向科研项目；合作申报专利；合作开展横向科研项目。

③技术攻关类：合作进行工艺攻关，对配方、工艺条件等进行改进；合作对设备进行改进；合作对原辅材料进行改进。

④产品设计类：合作进行技术设计；合作进行产品工业设计；合作进行广告设计；合作进行影视产品设计；合作进行装潢、包装等设计。

⑤产业服务类：合作进行服务外包；合作进行市场调查；合作进行网站设计；合作进行电子商务；合作进行财务运作；合作进行外语服务；合作进行营销策划；合作进行帮助企业上市的相关工作；合作进行商务运作；合作进行物流仓储运作；合作进行产品分析与产品鉴定；合作进行企业发展策划；合作进行企业宣传。

⑥生产管理类：合作进行规章制度制定；合作进行企业管理；合作进行生产过程中的工时、工序等研究；合作推进先进生产技术和管理技术。

⑦技术培训类：培训本企业的员工；对学校的在校学生进行专门培训；面向包括其他企业员工的社会培训。

⑧文化传承类：文化抢救；传统文化的传承；中西文化交流；文化产业的推广与策划。

⑨推广工业文化类：将工业文化转变成另一种形式，由企业以不同的表现载体提供给职业院校；学校通过研究、接纳并消化后形成育人环境的一种过渡形式；校企相互介入对方的文化设计、宣传、推广和应用。

⑩创业孵化类：接纳学生在企业就业；鼓励与帮助学生创业；帮助学生的创意得以实现；组织社会专才创业。

三、合作开发课程

（一）合作开发课程的关键词

1. 硬件

课件、教材、教具、场所与环境、教学资源库、设备仪器、仿真、模拟、生产任务转化为教学任务，以及参考资料。

2. 软件

教学目的、岗位能力分析、技术的先进性、教学方法、教学手段、教学做一体化、作业、考核、考证、技能训练、素质教育融合、课时、案例、课程开发平台、课程标准、参考资料和任教者。

（二）合作开发课程的程序

①根据专业人才培养方案立项，决定专业核心课程的合作开发。
②决定课程设计人员中的校方人员与企业方人员。
③联合制定课程教学大纲。
④校企双方人员分工。
⑤交互讨论。
⑥修改。
⑦成稿。
⑧验收。
⑨完成。

（三）高职院校产教融合课程开发影响因素

1. 企业专家人选

要选择思想品德好，具有丰富生产实践经验并热心职业教育的工程技术人员和管理人员参与，要与企业主管或负责人事先沟通好，要求企业支持该项工作。

2. 成本

主要成本体现在企业调研、课件制作、教具制作、教学资源库制作、教学环境设计、耗材、仪器设备、仿真软件制作等方面。若成本过高，双方无法承担时，要在一定的范围内给予控制，同时希望企业能大力支持。

3. 时间

主要是企业方人员的时间，要求企业能协助工作，安排企业方人员抽出时间从事合作开发课程的工作。此外，要规定完成该项工作需要的时间。要有一个时间表，按计划完成。

4. 沟通

在完成该项工作的过程中，校企之间的沟通非常重要。校方教师熟悉教育规律，但不太熟悉企业的生产规律。反之，企业熟悉生产规律而不太熟悉教育规律。因此，适当的沟通非常重要，要相互尊重，要按教育规律和生产规律办事，在两者之间取得平衡。

5. 表达

这里指的表达是两种：一种是校企双方参与人员对自己观点意见的表达。另一种是课程如何向学生表达。前一种主要是由于各自背景、视角不同而导致的在课程开发上有不同的表达意见，主要依靠双方加强沟通理解来取得平衡点，达成共识就可以解决。而课程的表达形式可以是多种的，可作为改革试验，通过实践，最终选出最佳的表达方式。

6. 视角

要从双方的视角出发，既有应知的教育，也有应会的培训。要保证课程有高等教育的属性，也要保证有职业教育的属性。不要过分强调其中某一方面，要避免将其变成学科性很强的教育，也要避免变成一种纯粹的技能培训。要留给学生适当的余地，要给予学生思考的空间与进行继续学习的动力。

7. 企业资源

取得企业资源非常重要。根据企业的生产现状，要求企业合作时提供部分资源用于教学是非常必要的。资源是指企业的固定资源与可挪动的资源。

8. 企业激励

学校要说服企业，对积极参与课程开发的企业人员给予奖励，鼓励其深度介入职业教育。具体而言，课程开发是一项很重要的工作，学生培养到位对企业也是一件很好的事情。对企业人员来说，这也会让他们在课程开发的过程中提高水平，因此希望企业对此要给予激励措施。学校在精神鼓励方面也要到位，必要时，学校方面也可以对来自企业的优秀课程开发者予以奖励。

四、合作编写教材

（一）合作编写教材的关键词

新技术、成熟技术、新设备、高技能、工学结合、实践、经验、理论与实践相结合、规范、管理、市场、精细化、岗位标准、特色、引导、教学模式、能力、职业道德、安全、职业资格、考证、岗位群、课程标准、国家标准、行业标准、应知应会、问题思考、就业导向以及参考文献。

（二）程序

1. 立项申请

立项申请要由企业方人员与学校签订合作编写协议。校企双方共同申报立项，写申报书，教务处组织专家对选题进行评审，通过审核批准。

2. 结项申请

组织专家对项目进行验收，给予评价。若能通过，则可进入下一程序。若不能通过，则按专家意见进行修改，递交改进版本后再验收。

3. 交付印刷（校本教材）

按使用需求量在校内印刷。

4. 交付出版（出版社）

与出版社签订合同并交付出版。

（三）形式

①纸质教材。
②视频教材。
③多媒体教材。
④网络教材。
⑤教学软件。

（四）人员组成

①主编可由校方人员担任，要求其具有副高职称，有丰富的教学经验，至少承担全书内容的四分之一。

②组成的编写团队中至少有两名是具有丰富实践经验的来自企业、行业的工程技术人员或管理人员。

（五）结合的形式

①学校与企业参与方要从实践出发，按高职院校产教融合编写教材的关键词来思考，结合本企业、本行业的新工艺、新设备、新内容、新标准进行编写。在不违背企业知识产权与生产机密的情况下，企业要提供编写教材所需的文字、图纸、照片、软件、视频和多媒体等材料。

②高职院校产教融合双方需在编写过程中互动。一般而言，校方人员熟悉教材编写规范而缺乏企业实践，企业方人员熟悉企业生产而不熟悉教材编写规范。双方加强合作可取长补短。

（六）有效期

一般的教材可用三年。三年内若技术方面有变化，可通过给学生发放补充教材的形式予以解决。三年后应重新编写。

五、合作制作教具、仿真设备

（一）合作制作教具与仿真设备的关键词

真实环境、仿真环境、动手、熟练、故障设计与排除、清晰、原理、维护、可装拆性、分解、合成、性价比、多功能、组合、解剖、可视、系统、集成、模拟、与企业对接程度和先进程度。

（二）程序

1. 调研

组织到企业、同类学校进行调查，了解企业正在使用的设备情况，以及教学设备生产商的设备情况，决定是否需要自行设计与联合生产，分析自行制造与购买教学设备生产商的产品价格相比是否合算，以及自行设计、制造的先进性。

2. 立项

根据调研的结果，在决定校企双方合作设计制造后，可申请立项。其内容包括调研情况、设计思路、设备的大致结构、与同类设备或教学设备相比的优越性、制作费用与购买费用的比较、性价比、制作费用开支预算、设备的功能与性质、预计完成时间和制作团队组成等。

3. 论证

组织专家召开专门会议，就立项内容逐项论证。除相关立项条款要论证外，尚需明确设备的资产归属，知识产权归属，资金、材料的提供，负责生产的确定，制作团队人员的确定，企业对合作的支持度等。通过论证后批准制作，下达任务书。

4. 设计

设计可由双方共同参与，按照合作制作关键词的指引，充分考虑相关因素进行设计，避免将设备做成可以生产但不能提供给学生实习的设备，也要避免生产要素过低的设计。

5. 审核

要组织专家对设计进行审核，按关键词所列的因素，判定是否达到先进、合用，能否达到培训的要求。对设计中的错误进行纠正。

6. 制作

材料一般可由企业提供，动用校企双方的设备与仪器在企业和学校进行制作与试验。可在企业装配，也可在学校现场装配。

7. 试用

交付给相关人员试用，在试用过程中发现问题，加以改进。

8. 验收

组织企业、行业和学校各方人员进行总体验收。应由验收各方根据任务书所定的条款逐条按标准验收。

9. 交付使用

明确设备的管理者、责任人，同时纳入学校资产管理，配以设备使用说明书和设备使用与维修记录册。

（三）制作团队

①校方人员：可由专业教师、实验实训教师、校办工厂工程技术人员，以及其他人员组成。

②企业方人员：可由企业的工程师、技术人员和人事培训人员等组成。

（四）维护

指定设备的责任人，定期做好维护工作，若有故障应及时修理。应注意使用的情况，做好相关使用记录。使用者在使用一段时间之后，应对设备提出评价与改进意见，以利后续的改进。

六、校企合办企业报刊

（一）要点

①校企合办企业报刊杂志是校园文化与企业文化结合的一个切入点。

②学校领导、院系领导与专业教师可定期或不定期地在企业的报刊杂志上发表文章，一是让企业了解学校的一些想法；二是借此加强学校与企业的联系；三是扩大学校的影响。

③学校要定期向企业提供高职院校产教融合的案例、学生的习作文章、学生在企业的实习总结与心得体会、改革建议等。可向学生公布投稿的电子邮箱。

④要将学校的情况结合企业的需求适时向企业反映，如学校建设进展、技能大赛的报道、学生对企业兼职教师授课情况的反映、进驻学校的企业情况等。

⑤既然高校的功能之一是文化传承，因此也有义务向企业传播文化，将各种文化以具体的形式提供给企业的报刊，扩大其影响，提升软实力，包括各地文化介绍，以及本校或其他单位人员创作的诗词、歌曲、小说、散文、书法、图画、摄影、雕塑和评论等作品。

⑥要将该项工作作为高职院校产教融合的常规性工作开展，学校宣传部门要主动与企业的相关部门合作，加强指导，主要工作由与专业相关的院系、专业教研室与专业教师完成。要善于组织无界化合作，以更好地完成该项任务。

（二）校方人员的职责

①学校派人担任企业报刊的顾问或副主编，其责任是帮助其组织稿源，为办报策划当顾问，帮助审核稿件。

②与企业人员一道制订计划，策划专题，分别向企业与学校组织稿件。

③内容的审核不出现与社会主义核心价值观相悖的声音，内容要健康、积极向上，形式可多样化。

④科学性地审核，内容要科学，学术要严谨，不出现与科学性相违背的内容与图片。

⑤对稿件进行审核与校对时，文字要规范，不出现错别字，不出现成语滥用的现象，不出现语病，避免出现抄袭。

⑥培训企业方人员，包括稿件审核、校对、编辑、图形图像处理等方面的培训。

⑦所刊登摄影、图片和美术作品要避免侵犯知识产权，避免侵犯肖像权。

（三）企业方人员的职责

①将企业文化的理念向校方传达。

②提出办报的方针。

③及时向校方提供企业的新闻、员工所写的稿件。

④与校方人员共同策划如何办报。

⑤积极组织稿件。

⑥及时向学校提出编辑要求，反馈员工意见。

⑦与校方积极沟通，融合校园文化与企业文化。

（四）编排

①将企业报刊的编排任务交予校方完成，在教师指导下，由学生进行文字的编辑与美术编辑，打印样板，交付印刷。

②按照审稿的程序，报纸打样后组织相关人员审定。

（五）发行

报刊印发后，除交付企业外，学校要让相关师生看到，按学校的需求发行至相关的班级与专业或进行张贴。

七、高职院校产教融合共建企业网站

（一）意义

高职院校产教融合共建企业网站是学校与企业走近的一种途径。通过共建企业网站，学校可获得大量的企业信息。而学校可将合建网站作为工作任务，让学生在老师的指导下完成，得到锻炼。

（二）要点

①学校与企业共建企业网站是校园文化与企业文化结合的切入点。

②学校介入这类工作的条件是：企业尚未建立企业网站。企业没有专门的技术人员建设网站；企业虽然已建网站，但办得不好；企业的网站虽然办得不错，但希望高校加盟，办得更出色，更有特点。

③企业网站是宣传企业的场所，也是为其产品或服务做广告的阵地，因此，学校要掌握其关键之处，为企业做好服务。

（三）学校可提供的服务

①为企业申请网址。

②为企业提供购置相关设备或软件的服务。

③提出网站的展示内容构想。

④提供网页设计的框架。

⑤提供网页的技术设计与美术设计。

⑥提供网站的维护。

⑦提供网站所需的某些文字、图片、视频和动画等资源。

⑧提供网站内容的审核服务。

⑨提供包括软、硬件在内的建设网站、维护网站的企业人员培训。

（四）通过共建网站的交互

①学校成立专门小组，派出老师专门负责，企业指定专人与学校联系。

②在老师的指导下，安排学生分工，各自完成相关的任务。可将此作为生产任务，并转化为教学任务。

③初稿完成后要请企业组织相关人员审查。

④与该企业相关的专业师生最好能参与网站的制作。

⑤专业教师要通过企业网站制作不断收录相关信息，将有用部分及时转到教学与实训中，成为培养人才的教学资源库的一部分。

⑥校方可在此过程中适当收取建设与维护网站的服务费用。

八、高职院校产教融合共建文化传承与传播基地

企业坚持与崇尚的，包括历史文化、区域文化、民俗文化、海洋文化等不同类型，希望通过高职院校产教融合将其传承与传播，学校要有思想准备。所谓准备，就是要能对其深刻理解与研究，通过多种形式与手段使其得到良好的表达与传承，并借此向外传播，大致可从以下方面入手。

（一）从企业方面入手

①企业的理念、宗旨等所具有的文化。

②企业的产品所具有的文化。

③企业的生产与服务所具有的文化。

④产业文化。

⑤企业建立文化传播的载体，传播优秀的中西文化。

（二）从学校方面入手

①传统文化。

②地域文化。

③优秀外来文化。

④历史文化。

⑤民俗文化。

⑥职业教育文化。

（三）研究与推广

①高职院校产教融合成立研究所。

②开展专题研究。

③将研究成果转化到教学之中。
④以不同的载体向社会传播与推广。

九、高职院校产教融合培养学生的创新能力

按照高职培养的目标，学生应在生产、服务中具有创新能力。这种创新能力对于产业升级、转移、换代等具有重要的作用。

（一）培养学生的创新意识

①具有批判精神，不迷信权威。
②善于寻找工作、生活中的优点与缺点。
③要具备"人无我有，人有我优"的观念。
④要做别人没做过的事，敢于突破。

（二）企业所需创新能力的标志

①能优化生产工艺。
②能对现有设备进行技术改造。
③能对工人的操作动作进行科学改进以降低劳动强度，提高工效。
④能对正在使用的软件提出改进意见或动手将其修改，以图完善。
⑤能寻找替代材料，以更优质、更低成本的材料取代原有的材料。
⑥想办法降低能耗、降低排放。
⑦对高新技术有攻关的能力。
⑧对生产组织、管理有新的见解与实施办法。
⑨对产品的销售有新的方法。
⑩善于将不同的技术进行杂交，获得新的技术。
⑪将引进的工艺技术、设备进行解剖、分析、重组，在学习、使用之后提出改进和创新。
⑫想方设法降低产品的生产附加成本。

（三）创新能力的培养

①学校培养学生基本的创新方法。
②企业提供给学生寻找优点与缺点的环境，鼓励学生寻找企业所有方面的长处与不足。
③企业要出真实题目，采用在学生中进行仿真的设计招标方法，以取得最佳的设计效果，培养学生的创新能力与竞争意识。

（四）创新与现实的一致

①学生在创新工作中的最大问题是容易脱离实际，因此，所有的创意或想法都要经得起企业实际的考验。

②学生的创新作品不但要经过学校老师的评审，必要时，还要经过企业专家的评审。

③学生的创新要与企业的实际相结合。

④支持学生的创新精神要与严格考虑的企业生产现实并重。

⑤要与学生分析创新项目得到的内容，同时分析失去的内容。

（五）学以致用

①企业对学生所申报的专利进行分析，经确认有助于企业后再购买，并转化为现实生产力。

②学生所设计的机器、设备、仪器、工艺、技术、服装、广告、包装装潢、玩具、产品等图纸或手板，经企业认可，经改进或在不改变原有设计的情况下可投入生产。

③学生所设计的解决问题的方案，经企业认可，经过改进或在不改变的情况下可予以实施。

④企业要重视学生的创意。若有价值，可投入资金进行研究开发，直到变成现实。

⑤对学生所提的建议，企业可组织人手进行分析。若有好的建议，可采纳，并给予学生适当的奖励。

十、高职院校产教融合培养学生的创业能力

培养学生的创业能力，并不等于学生一毕业马上就创业，而是通过高职院校产教融合培养学生的创业意识，掌握一定的创业必备的经验基础与能力基础，对创业所带来的风险要有足够的心理准备，特别是利用高职院校产教融合的机会，加强学生对企业运作的认识，培养学生实事求是的作风。学生在企业工作一段时间后，可以创业。

（一）培养学生的创业意识

①要开设创业课程，有针对性地对不同专业的学生开展创业教育，特别是对一些创业成功的案例，可让自行创业的企业老板到学校与学生对话。

②组织学生到自行创业的企业参观及与创业者交流。

③组织学生以小组的形式上门拜访创业者,了解其创业经过。

④需要有更多学生参与创办分支公司的企业,对希望创业的学生加大培训力度,鼓励学生将来创业,强化其创业意识。

(二)掌握创业的方法

①由学校与企业交替培训学生,掌握创业的要素。

②组织学生到相关企业实习,在实习过程中体会创业的方法。

③学校创设一个环境,为学生创业提供设计平台,组织不同的小组交流。这些平台可由企业提供,例如,以企业的背景设置小商店、服务公司等,由企业提供资金与产品或提供服务,让学生的创业计划在这些公司中模拟运行。

(三)进行创业试验

①以企业的产品、企业的服务业务作为学生创业的切入点,组建在校的创业队伍试验,由企业提供产品或服务业务给相关的创业小组,可以产品营销、业务代理等形式,开展创业试验。一般情况下,为避免出现资金的纠葛,可采用风险较小的代理销售形式,任务完成不好时也不至于亏本,同时还可规避大的风险。

②学校与企业联手建设校园内的创业基地或仿真基地,以系、专业等为单位组织学生筹建创业团队进驻基地,开展创业试验。

③采用吸引大学生进驻软件园、创业园的形式,令学生以准企业员工的身份独立或半独立地在园区开展创业活动。

④由政府组建大学生创业孵化基地,让大学生毕业后进驻园区,以租金、税收方面优厚的条件吸引创业者前往。统筹、协调园区内创业企业与非创业企业的业务,使初次创业者起步更为顺利。

第四章 影响高职院校产教融合的因素分析

在产教融合的过程中,影响高职院校和企业合作的因素繁杂众多,它们相互影响、相互作用、相互串联,有的是并列关系,有的是因果关系,有的甚至表面毫无关系但是间接存在联系。这些因素之间存在着相对的不确定性,各种作用的强度和关系准确性也较低,这些都增加了产教融合的复杂性和难度。因此,若要对影响产教融合的相关因素进行全面综合的分析评价,必须对各个因素从多个角度进行综合考量,这样才能保证分析的科学性。本章将针对影响高职院校产教融合的因素进行详细的分析,共分为四个部分:主体因素分析、环境因素分析、相关机构因素分析,以及各主体影响因素之间的关系。

第一节 主体因素分析

一、学校

(一)领导的办学理念和领导力

在我国当前经济环境中,行业压力不断增大,产业结构面临着深度调整,人才培养的规模和规格与经济转型期存在着较大的出入。高职院校如何找到与社会、企业、市场的利益结合点,破解办学难题,对市场的反馈做出快速响应,走出产教融合的困境,真正找寻出一条适合高职院校和企业的合作办学之路,是每一所高职院校都不得不面对的问题。在这种情况下,高职院校领导的办学理念和领导能力的重要性格外凸显。所谓领导力,是带领成员致力于组织长期发展、建立愿景目标、激发成员的积极性和热情、保证战略妥善实施等的能力。其主要包含四个维度和十二项内容,即明道——价值取向:自我领导、共启愿景的能力;取势——趋势把握:思维规划、决策、判断的能力;优术——组织运营:创新、解决问题、实践调查、劝说的能力;树人——人才发展:对他人的理解、培养下级、调动下级积极性的能力。其中，思维规划和决策能力是最重要的两种能力。对于一个组织而言，领导就是这个组织的"大脑"，思维规划和决策的质量是决定组织成败的关键；对于领导者自身而言，思维规划和决策的质量则是领导者自身能力的体现，直接影响着领导的公众威信和人格魅力。

经归纳分析，高职院校领导的办学理念和领导力对产教融合主要影响有如下两方面。

①高职院校领导对影响产教融合相关市场信息的捕捉和响应速度，尤其是一些隐性的、不明显的信息。高等院校办学理念的先进程度和开放程度直接决定了高职院校与外部经济环境和市场环境联系沟通的频度和紧密度；高职院校领导的领导力是决定高职院校市场经济意识的重要因素，直接关系到高职院校对国家宏观经济发展战略、地方政府的教育发展规划，以及相应法律法规的领悟程度。这些都将对产教融合的走向产生直接影响。

②影响跟进合作企业的积极性和信任度。高职院校领导，尤其是校长的办学观、决策观、管理观和格局观会决定学校的发展机遇、影响学校的社会形象，以及关乎着学校未来，同样也影响着企业与高职院校合作的意愿和方向。这主要可从两个方面进行理解：一方面，高职院校领导对产教融合的理解、态度、重视程度和全局的掌控能力直接决定了合作的可能性、合作的深入程度和合作的预期效益，关系着企业与高职院校进行合作的积极主动性和信任程度；另一方面，高职院校领导的办学理念代表着整个学校的办学思路和未来方向，影响着全体教职工、在校生和毕业校友的利益和工作态度，进而影响着产教融合机制在具体操作环节的执行顺畅程度和效率，影响主体双方的创新性、紧密性、友好性，影响产教融合的实际成效，最终影响产教融合是否能够长期稳定运行。

（二）师资队伍结构和水平

尽管不同高职院校的师资水平和结构存在着差异，但整体而言，高职院校属于人才密度比较高的行业群体，在产教融合的过程中，企业更看重的是高职院校教师对企业需求的理解力，将企业的需求转化为日常的教学内容、教学案例的能力，以及带领学生进行实际操作和动手的能力。由此可见师资队伍的结构和水平在产教融合过程中的重要性。

师资队伍的结构和水平对产教融合的影响主要表现如下。

首先，师资队伍的结构和水平决定着产教融合的层次、级别和获取项目的规模、质量，包括教师的专业能力、课堂教学能力、在行业领域中的任职经历、学术研究方面的科研成果质量、专利积累的数量和技术含量、大师级的引领性人物的社会声望，以及运用已有的知识积累进行系统性创新的能力等。这些都会影响企业对合作的价值评估，决定着企业的合作意向。如果企业认为高职院校的师资雄厚、结构层次较高，就会觉得高职院校的科研生产能力和技术转化能力较强，能够满足企业的需求，降低企业的沟通成本和障碍，并为企业带来利益，那么就会增强企业的信任感，企业合作的意愿和热情就会高涨；反之，如果师资力量薄弱，科研能力有限，就会导致企业的不信任和质疑，那么企业就很难将时间和精力花费在这样没有实力的高职院校上。

其次，师资队伍的结构和水平决定了产教融合的执行效果和进一步合作的可能性。师资队伍的水平决定着教师的科研能力和技术服务转化能力，决定着人才培养的质量，而这些都决定着高职院校为企业提供服务的质量、科研成果的实际价值，进而决定了校企合作项目的实施效果和执行效果。企业非常看中高职院校教师的研究开发能力和进行技术服务转化的辅助配套能力，因为这直接影响到了企业的合作利益期望能否实现，进而影响到其能否实现市场利润和超额利润，进一步影响了企业继续合作的意愿和投入的程度。

（三）专业结构和特色

高职院校的专业划分依据主要有学科分类、社会的行业需求，以及侧重领域，遵循兼顾基础性、学术性、实用性和就业的适应性原则，趋于专业面的延伸和拓展，向综合性发展。专业结构和特色是连接教育、社会和经济的纽带，是高等教育为社会服务、满足社会需求和为经济发展提供人才支持的具体体现，是保证"输出对口"的关键环节。专业结构的合理性和特色的明显性直接影响着高职院校对企业的吸引力。其具体影响主要体现如下。

首先，它决定了企业资源的投入程度。高职院校的专业结构和特色与当前经济发展趋势的契合度越高，就越能吸引企业的合作和投入；反之，则很难争取到与企业的合作。也就是说，高职院校的专业设置如果是该行业发展所需要的，那么企业就会倾向于与这所高职院校合作。

其次，它决定了地方政府的支持力度。为促进本地区经济的发展和产业结构的升级，地方政府特别重视本区域内的产业人才的培养。如果高职院校的专业结构和特色专业的设置与地方经济的主导支柱产业所需要的人才的吻合度较高，那么地方政府便会给予充足的政策扶持，就会为产教融合牵线搭桥并提供担保服务等。此外，地方政府为了发展经济，提高税收收入，一般会对主导型的支柱产业进行重点扶持，那么该领域的企业必然会借助政策优惠得以快速发展，从而间接地为高职院校获得更多的企业合作资源提供可能和保障。

尽管如此，高职院校是否具备开设企业的专业能力，并能够根据企业的发展战略调整和具体需求及时快速地进行专业机构和规模的调整，同样也会对企业的选择产生影响。当然，这些问题的关键还在于高职院校领导的市场洞察力及决策判断力。

（四）整体管理水平和执行力

在现代管理中，执行力实际上就是行动力，是指贯彻战略意图，有效利用周围资源，保质保量地完成预期目标的能力。对企业而言，这是将企业的战略规划和目标方略转化为实际经济效益的关键所在。决策和执行是任何管理中都不可缺少的环节，二者是相辅相成的关系。正确明智的决策是需要落实的，否则，便没有任何意义可言。由决策转向执行的状况好坏则取决于落实过程的状况好坏，即落实的过程中是否能够通过翔实、细致、认真、明确、可行的措施来彻底实现或兑现目标指示。具体而言，高职院校的管理水平和执行力也是相辅相成、相得益彰的，主要表现为以下几方面。

①高职院校领导层对产教融合的认知度、理解度和支持度。
②中层管理者的组织协调和领会领导层用意的能力。
③相关职能管理部门之间的配合、沟通、协调能力和效率。
④执行的主体教师完成工作职责的意愿、认真程度、创新能力和积极主动性等。

执行力对个人而言就是指办事能力，对整个项目团队而言就是指完成任务和挑战困难的战斗力，对整个高职院校而言就是指学校的整体实力水平。高职院校的整体管理水平和执行力对产教融合的影响主要体现在以下几方面。

首先，高职院校领导层对产教融合的认知度、理解度和支持度会影响合作项目的整体推进度。理念是项目的灵魂，是实施过程中的基本准则。鉴于高职院校和企业在合作过程中各自内部的管理机构和运行属性基本不变，在高职院校方，领导层依然对下面的管理中层、职能部门和执行团队成员具有直接领导和指挥作用，领导层的认识理解直接影响着合作项目推进的相关保障机制。领导重视和大力支持的事情，推进起来阻力和障碍自然就小，项目进程自然就会加快。

其次，中层管理者的组织协调和创造性解决问题的能力影响着校企合作项目的运行效果。中层管理者要有领会领导层用意的能力，以及将其转化为自身所处部门工作目标的行动力。任何校企合作项目的运行都必然要涉及高职院校人事、财务、资产设备、教学管理、学生工作和后勤保障等相关部门。这些部门的管理者是否具备及时适应改变的能力，能否勇于接受疑难问题的挑战，是否拥有开放的视野和解决问题的态度就显得尤为关键。如果职能部门的管理者不能及时适应学校发展战略的变化，不能积极满足产教融合对相关职能部门的需求，那么校企合作项目执行的难度必然就会增加，也会挫伤相关院系和企业开展合作的积极主动性。

最后，相关职能管理部门管理机制的健全程度影响着校企合作项目能否如期完成和实施效果。职能部门服务教学一线的理念决定着服务的质量；部门之间的配合、沟通、协调能力和效率决定着高职院校的现有资源能否形成合力效应，进而会影响到项目的预期；职能部门内部的管理机制和制度建设的系统性和完善程度影响着部门能否根据学校和教学的变化及时做出响应；等等。所有这些都会直接影响高职院校内部资源整合配置和发挥成效，进而对校企合作的项目产生影响。

（五）人才培养形式和质量

高职院校人才培养的形式多种多样，除了常规系统的全日制教育外，还可以有成人脱产教育、远程教育、研讨班培训、专门性的短期培训等。对于企业而言，人才的培养需求也是多层次的，如对高级精英人才、职能管理人才和基层管理人才的培养，在时间上具有不确定性。高职院校人才培养形式的多样性对企业而言具有不小的吸引力，形式多样，可以满足企业各种、各阶段不同的需求，影响着企业选择合作的兴趣方向。同时，人才培养的质量也是企业选择合作院校时考虑的指标。人才培养质量包括基础知识和应用知识的灵活掌握和运用能力，自我学习能力和创新精神，具有科学精神、掌握科学思考方法和创造知识的能力，具有人文素养和社会责任感等。人才培养质量在维持产教融合，以及保证合作的层次性方面具有重要作用，但不是最重要的因素，因为人才培养的质量是由高职院校内部的其他所有因素决定的。

（六）相关硬件设施条件

高职院校内部的硬件设施主要是指静态固定的、辅助教学任务的基础设施，主要涉及教学环境、学习环境和休闲锻炼的环境三个方面。具体而言就是高职院校内部的教学仪器设备、实验训练条件、图书馆、教学楼以及信息化的手段等。优良的硬件条件不但可为学生提供良好的学习条件，提高学生学习的积极性和学习的效果，而且也是评价高职院校综合办学实力的重要指标之一。基础硬件设施是开展一切教学活动和合作项目的基础必备条件，直接影响着高职院校承担校企合作项目的能力。与其他的影响因素相比，相关硬件设施对产教融合的影响更直接、更直观。因此，为了推动高职院校和企业进行项目合作的可能性，加强相关硬件设施的建设也不容忽视。

综合来看，高职院校自身的六大影响因素并不是单独存在的，彼此是相互影响的关系。其中高职院校领导的办学理念和领导力是最为关键的因素，对师资队伍结构和水平、专业结构和特色、整体管理水平和执行力、相关硬件设施条件这四方面的因素起着决定和制约的作用，这些又共同决定着人才培养质量。此外，师资队伍的结构和水平也会对专业结构的设置和特色的发展产生影响，决定着整体的管理水平和执行力，而整体的管理水平和执行力对相关硬件设备的引进、修缮和维护也会产生影响。要改变产教融合的现状，走出合作的困境，高职院校必须首先从自身找原因，从这六大因素入手，加强对自身的完善和改进。

二、企业

（一）企业的价值观

企业的价值观决定着企业的经营理念和企业的道德观念，企业的经营理念决定着企业的经营战略、经营方向和经营目标，企业的道德观念决定着企业的社会责任意识。正所谓需求是产生一切合作的根本动力，产教融合也不例外。

首先，企业的经营理念是企业根据建立设想，结合自身的资源优势、科技优势、营销优势和未来的发展方向，通过对消费者和竞争者需求的反复确认，在不断追求企业绩效的过程中所遵循的基本准则。企业的经营理念决定着企业的合作方向、合作目的、合作内容和合作形式。企业的经营理念决定着企业的利益诉求是长期的还是短期的，长期利益诉求和短期利益诉求的合作对象、合作内容和合作方式显然不同。一般而言，追求短期利益的企业很难有创新需求和能力，而没有创新需求和能力的企业的生命也是短暂的，更谈不上长远的发展，也就很难有产教融合的需求，即使有，也仅仅是寻求廉价劳动力以缩减成本，这并不利于高职院校的长远发展。如果企业追求的是长远利益，就必然会对欧洲管理大师弗雷德蒙德·马利克所总结的六个关键点有着深刻的理解认识。这六个关键点为市场地位、创新的表现、生产力、吸引人才的能力、支付的流动性和利润。如果一个企业的价值观能够有如此高度，那么这个企业就会是一个注重技术创新和人才储备的企业，企业才会有精力和有需求去考虑与高职院校进行创新合作、技术合作和人才合作等。从企业角度考虑，这是产教融合完成的第一步。

其次，企业仅仅有需求还是不够的，因为这时它可以选择任何合作方，合作对象不一定是高职院校，这就要求企业有强烈的社会责任意识，以及合作育人的教育理念，而这正是由企业的道德观决定的。企业大部分都是自负盈亏的私营企业，如果没有承担社会责任的道德行为，是很难支持教育事业的发展的。

最后，企业的价值观取决于领导或领导层的价值观。尽管企业和高职院校的合作是两个社会组织的合作行为，但归根结底还是两个组织的领导或领导层达成的合作共识。简单来讲，企业领导的价值观是跟企业的利益始终保持一致的，直接决定着企业能否参加产教融合，以及合作的程度和形式。

价值观是企业的核心管理思想，是决定企业能否持续增长和繁荣的关键，也是决定产教融合能否达成的第一关键因素。

（二）企业的行业属性和规模

首先，企业的行业属性决定着其合作的意向和迫切度。国外相关的实证研究表明，新兴的高精尖行业，如军工企业、医药企业、生物工程企业、国际金融投资企业等，这些企业选择与高职院校进行科学研究的意愿比较强烈。主要是因为这些行业都是专业性极强的行业，需要专业性极强的人才和科研成果的支撑。而高职院校在该行业中由于具有较强的科学研究水平和实力，对当前最新的研究方法和成果都具有较准确的掌握和积累，经过多年的技术积累和成果产出，具有较强的创新能力，或者说更能在最短的时间内理解企业的需求，完成企业的定向研究。最重要的是高职院校的大部分研究成果并未进行技术转移和市场转化，一旦企业选择与高职院校合作，便能够成功获得这些科研成果的使用权，利用企业自身的生产、加工和销售优势，能够很快将成果转化为突破性创新产品，以推向市场，占领市场，获得经济效益。

其次，企业的规模决定着产教融合的具体形式。为了研究的统一性，桑托罗将产教融合大致分为知识转移、研究支持、技术转移和合作研究等四种模式。经过他的研究分析得出，知识转移和研究支持是企业经常采用的两种模式，规模较大的企业通常选择这两种模式加强其在非核心产业技术方面的实力，而规模较小的企业通常选择这两种模式加强其在核心产业技术方面的实力。这主要是因为大规模企业财力雄厚，为了始终保持产业技术的绝对优势，必须拓展技术积累和数量，以保证其时刻具有较强的技术实力和主导力，因此有精力、有实力、有意愿对一些未来可能发展成为核心技术的产业领域进行基础研究和技术研发。但是鉴于这些技术与企业自身的主流核心技术相差较远，在市场和时机未成熟的情况下，还不能投入太多，因此与高职院校专业团队进行合作就是最节约成本和效果最好的途径。对于小规模企业而言，主要以拓展市场，占领市场份额为主要目标，更受其人才和资金的限制，根本没有精力和时间进行核心产业技术的研究，这部分研究虽然重要，但不是小规模企业最迫切的。面对大规模企业的竞争压力和外界环境的日新月异，小规模企业如果想在投入较少、取得的收益较大而且周期不能太长的情况下获得核心技术的突破和创新，那么与高职院校进行定向合作研究就是最经济的路径选择。但是，这种大规模企业与小规模企业选择与高职院校合作的意愿，以及合作的方式并不是一成不变的，不同的国家在不同的区域，以及不同的发展阶段都会存在差异。

最后，企业的行业属性决定着企业自身产业的生命周期。企业的产品周期一般分为发展、成长、成熟和衰退四个阶段，每个周期内对资源和技术类型的需求是不同的。例如，在发展期中，企业迫切需要推出新产品、拓展市场、增加市场占领份额，这时注重的是技术合作，与高职院校合作的目标主要是获得已有的、比较成熟的技术成果。而在成熟期，企业的规模一直处于不断扩大的状态，规模经济效益的红利已经达到峰值，这时就需要创新，创新需要人才，这时企业就会与高职院校进行人才联合培养项目的合作。因此企业的产品周期决定着企业参与产教融合的动机、方向和参与程度。

（三）企业参与合作的投入产出比

企业参与产教融合的投入产出比直接决定着项目能否达成，以及合作的质量和层次。在市场经济环境中，企业作为自负盈亏的利益导向型社会组织，对自己的任何投入都是由产出比衡量的，总体思路是降低成本投入，获得利益最大化。从本质上讲，企业与高职院校进行合作，也是一种变相的投资，当投入产出比较高时，企业参与产教融合的意愿就比较高，产出比越大，企业的投入可能就越高。此外，对于正在进行合作的项目而言，企业从合作项目中获得的利益足够多，而且还与企业的需求吻合，那么继续合作的可能性就较高。

（四）企业的吸收能力和研发能力

企业的吸收能力是指企业在已有知识储备的基础上，通过挖掘和学习等手段识别信息、吸收信息，并将外部知识变成内部知识、将隐性知识变为显性知识，最终将这些知识和信息应用于市场产生商业利益的能力。企业的吸收能力是知识进行传播转移过程中的关键，决定着企业对人才层次的需求等级，其强弱会影响产教融合的整体绩效，即企业与高职院校合作的整体效果取决于企业的吸收能力。对人才层次的需求则决定了企业的选择，当人才需求层次较低时，则可能倾向于去劳工市场直接招聘，尽可能地节约人力成本；当人才需求层次较高时，企业与高职院校达成人才定向培养的相关项目的意愿就会增强。企业对人才层次的需求取决于企业的生产方式，企业的生产方式又取决于企业的价值观、行业属性和规模。

企业的研发能力是多层次、多维度的，是企业在特定的时空范围内针对企业面临的重要事件、技术难题和外部竞争有意识地进行响应，以获得或维护市场竞争优势的能力。这是一种涉及多种互补性和协作性的能力。如果企业的研发能力很强，超出了业界水平，则企业寻求高职院校研究开发支持的意愿一般就会降低。但是，有时企业也会为了解决某一个具体问题而寻求定向研究开发的合作。企业的研发意愿取决于企业的市场竞争环境，企业的市场竞争环境又取决于区域经济的发展态势。

总而言之，企业参与合作的投入产出比是企业是否参与合作的决定因素。同时，其他影响因素之间也是相互影响、相互平衡和相互制约的，以此形成合力，从各个角度作用于产教融合。

第二节 环境因素分析

一、内部环境因素分析

产教融合的内部环境因素是高职院校和企业能够达成合作的内力。主要包括经济效益因素、创新资源因素、主体战略因素、技术积累因素以及潜在风险因素等。

（一）经济效益因素

经济利益是高职院校和企业实现合作，并保持合作的最直接、最根本的动力，它是产教融合机制中活跃程度和被考虑频率最高的因素。企业的最终目的是追逐利润的最大化，高职院校的最终目的是实现教育资本的丰富积累，二者进行合作的根本目的都是获得高于单方面运作所带来的效益。经济效益因素所包含的内容较多，既包括宽裕的现金流、先进的资产设备和现代化的生产环境等显性经济利益，也包括专利、知识产权、分析报告和智力智囊等隐性经济利益。

根据实现的周期长短，经济效益可以分为长期利益和短期利益。长期利益有利于维持产教融合的持续性和稳定性，短期利益有利于促使校企双方达成合作共识，二者对产教融合具体模式的影响存在差异。如果高职院校和企业在合作过程中都是为了追求短期利益，则在合作过程中就会主要考虑现有已经较为成熟的技术成果、产业格局和市场布局，进而寻求生产要素方面的快速创新、合作和互补。如果高职院校和企业在合作过程中都是为了追求长期利益，则在合作的过程中就会主要考虑创新的方向、产品的新工艺研发、新技术的推广和实验，并尽量忽略在合作过程中产生的短期利益的流失，最终实现的是几倍于流失的短期利益的长期利益。

总体而言，产教融合机制构建的本质在于不断创新经济效益的实现路径、保证速度和实现成本投入的最小化，经济效益因素会一直存在于产教融合的过程之中，并同时诱导双方不断克服困难，促成合作。

（二）创新资源因素

创新资源因素主要是为保障高职院校和企业能够持续顺利合作的相关要素，如人才、资金、技术、信息和设备等各种必备资源。在现实的市场经济环境中，高职院校和企业所拥有的创新资源都是有限的，不仅资源的分配会呈现出极端现象，还会受到各种条件的限制，以至于不能充分发挥出其能量，这样就会很容易导致单个主体进行生产创新活动时由于缺少特定的资源而陷入停止状态。而恰恰是这种对于某种特定资源的迫切需求激发了高职院校和企业寻求合作伙伴的需求，双方均希望通过合作实现创新资源结构的优化和互补，提高和确保合作创新过程中的命中率和成功率。

企业在资金资源方面拥有较为自由的支配度，整体优势较为明显，但是在特定技术人才、智库资源和技术成果积累方面相对有限；而高职院校则相反，由于其自身财政来源的限制和商业运作的缺失，往往在研发资金方面存在着很大的缺口，但是高职院校由于其相对稳健的科研状态和能力，积累了丰富的科研成果和技术资源，而且其天然的育人功能使得其在人才的数量和质量方面都处于明显的优势地位。高职院校与企业的合作，一方面企业的资金资源能够注入高职院校，助力高职院校科研创新，为高职院校弥补资金缺口，高职院校的技术和人才也会源源不断地注入企业，填补企业的人才结构缺陷；另一方面在合作的过程中，企业所获得的最新市场信息和高职院校积累的技术信息能够寻求更好的融合点，实现合作创新与市场需求的即时接轨，为科研成果的创新转化和产学研结合的产业化布局打开局面。总而言之，创新资源因素在产教融合机制中的作用不容忽视。

（三）主体战略因素

主体战略因素主要是从主观意识形态层面对产教融合机制产生积极促进作用，这区别于创新资源等客观层面的环境因素。战略主要是从全局考虑、谋划实现全局目标的规划，是一种长远的规划和一个远大的目标，周期较长。对于高职院校和企业而言，战略主要是高职院校和企业领导层就未来长期发展所做出的宏观规划决策，一旦确定后，就会是开展各项工作的基本准则。

尽管高职院校和企业在管理体制和运行方式上存在较大区别，但是其领导层对组织的作用是相同的，可以说领导层在产教融合创新方面的总体战略规划决定着高职院校和企业的两个主体的合作程度及频率。对于重视主体合作战略的高职院校或企业而言，整个主体不仅在创新资源方面会有较大的投入，同时主体的组织内部也会形成有利于创新资源扩展和技术创新的管理体制，为生产、研发提供良好的环境，为创新的频率和效率提供更有利的条件。高职院校和企业的领导决策层如果把产教融合机制建设提升至发展的战略高度，那么在日常的科研、生产、生活中，高职院校和企业就都会积极主动地去寻求符合自身发展、条件合适、目标类似的主体进行合作，并逐步确立合作关系，从而进一步稳固和提升自身的生产和创新能力。

此外，领导决策层对于产教融合机制的重视程度是影响主体间合作力度和效果的主要因素，同时也影响着双方的合作文化氛围，影响着双方的发展意识、创新意识和技术更新能力，进而对合作主体之间的合作效率和创新效率产生间接影响。总之，主体战略因素对于产教融合机制发挥着主观能动性的推动作用。

（四）技术积累因素

技术积累是指合作主体双方在发展过程中利用所掌握的知识存量不断进行技术更新和能力积累的过程。整体而言，技术积累因素是一个随时变化的动态连续性过程。不管是高职院校还是企业，与整个行业的技术知识积累的总量相比较，单独创新主体所拥有的技术和知识的现有存量是可以忽略不计的，单独创新的个体只有在发展的过程中不断增加和提高自身的技术知识总量和质量，才能在整个行业群体中获得领先地位。退一步讲，即使是单独个体实现了行业领先地位的目标，那也不能保证在现实的生产活动中技术更新、积累的顺畅，很有可能还会遇到技术瓶颈问题。在这种情况下，单独依靠企业自身的条件是很难克服瓶颈的，甚至还会错过最佳解决时期，这时就需要依靠外部环境的支持。如果单纯依靠成熟个体的支持，所需成本往往较高，在这种情况下，选择合作、创造合作机会就会成了最佳的选择。在建立产教融合机制的情况下，高职院校或企业不但可以吸收来自对方的技术知识，用好已有存量，而且在合作过程中还会产生更新型的、更节省成本的技术知识，最终保证校企双方在技术积累方面的合作共赢。

（五）潜在风险因素

任何形式的合作都存在着很大的不确定性，潜在风险无处不在。在合作创新中，双方投入的资源一般都比较大，但是合作能否产生预期的成果，以及产生的成果能否最终实现产业化，创造出效益，并被市场认可，这些都存在着较大的随机性和不确定性，而且很多影响因素是不受合作主体控制的。这主要可从两方面分析：一方面，对企业而言，企业是合作机制中资源的主要承担者，主要提供资金等高职院校所不具备的资源，通过与理论知识积累丰富的高职院校进行合作就可以削减风险指数，提高成功和资源共享的可能性；另一方面，对高职院校而言，经费缺乏是所有高职院校都会面临的问题，因此对于学生的管理和培养等方面的创新就会在数量和规模上受到限制，而且本身承担风险的能力也不强，通过与企业进行合作就可以将此风险降低，甚至规避掉。因此，高职院校在没有资金负担和资源限制的情况下能更加深入地进行相关工作的推进。所以，降低和规避业务创新和拓展的风险也是促进产教融合的一个重要方面。

二、外部环境因素分析

产教融合是一个相对开放和灵活的系统，除了受到内部环境因素的影响，还受外部复杂环境的影响。若想实现高职院校和企业双方的合作，并保持合作的长久性，双方就必须对合作前景有充分的预估。这就需要充分考虑外部环境的多样性、复杂性和不确定性，最大限度地利用有利环境，规避不利环境，不断改善外部环境，以促进产教融合的良性发展和实现双方的合作诉求。产教融合机制的主体构成并不复杂，内部结构仅涉及高职院校和企业两个主体，相对清晰，产教融合机制构建的内部动力因素的分析和确定难度系数相对较小。但是考虑到社会是一个复杂的多面性组织，各种因素及其融合对产教融合机制会产生不同的影响及影响力，常常会导致产教融合很难进行系统和有针对性的分析取舍。为了能够全面系统、科学准确地对产教融合机制中的外部环境因素进行分析汇总，这里将会借助 PEST 分析法进行分析。

PEST 分析法是企业进行宏观环境分析时的一种常用方法，尤其是在分析一个企业集团所处的外部环境时会经常使用到。其四个要素分别是：P 是政治，

E是经济，S是社会，T是技术。通过PEST分析法可以对产教融合所处外部环境因素及其存在的可能影响进行初步的判断。鉴于任何外部环境因素的变化都会对产教融合产生影响，此分析方法的基本目标是甄别对于产教融合机制的形成和执行存在潜在影响的政策、力量、条件和趋势。如果高职院校和企业能够通过PEST分析法的科学分析，对潜在阻力采取行动，就可能变不利环境因素为有利环境因素；如果企业和高职院校能够同时进行有效判断，那么就可以更好地利用这些变化，准确把握关键因素。把握最佳时机，并确立合理的合作目标和合作方案，形成高职院校和企业充分合作的全局战略，并采取行动，从而使双方的合作始终能够处于一个相对良好的氛围和环境之中。

（一）政治环境因素

政治环境因素就像一只无形的手，其所产生的各种政策、法律法规、制度观念和价值观方向都会对产教融合的开展产生重要甚至决定性影响，任何形式的产教融合都是处于特定的政府宏观调控的背景之下的。因此，政治环境因素是影响产教融合的重要的外部动力因素和宏观因素之一。

鉴于我国的社会主义制度，不论是对于以市场经济行为为主的企业而言，还是对于计划经济体制作为主导的高职院校，政府对各种行为机构的宏观调控能力都很强。对企业而言，政治环境因素会影响企业的监督管控、经济行为、发展趋势、转型方向、投资行为、消费能力和生产经营等相关活动；对高职院校而言，政治环境因素会影响高职院校的人才培养规模、培养方向、就业数量和质量等。政治环境因素对产教融合的影响具有不可预测性、直接性和间接性，兼有不可控和不可逆的特点。这些相关因素有时会单独作用于产教融合，有时会形成合力作用于产教融合，而且会对合作的方式、合作的层次和合作的利益分配产生制约和影响，尤为重要的是，会影响产教融合的可持续性。产教融合的整体操作必须符合现有的政府政策、导向和法律，积极响应国家的科技和经济产业政策，并与国家的主要发展战略保持一致，这样才能得到政府的支持，才能在大政方针下获得更多的合作和发展机会。同时，政治环境因素可以通过间接地实行各种优惠政策、有力的管理制度、健全的法律体系、政府额外补贴和明确的相关职能部门职责等政策性支持或者直接介入产教融合的组织、管理、协调和创新过程中，提供资金支持和特定的人才培养计划，对产教融合进行政策性把关和支持，营造良好的政治环境。

政治环境因素主要涉及两个主体：中央政府和地方政府，这两级政府对产教融合的影响是不相同的。

1. 中央政府因素

中央政府作为国家组织的具体机构和国家意志的具体执行者，影响着国家的发展方向和战略布局，对各行各业都产生着深刻的影响。就产教融合而言，中央政府对产教融合办学制定顶层设计，中央政府制定的政策法规及实施规定、职业资格证书制度都对产教融合有着重要影响。具体影响如图 4-1 所示。

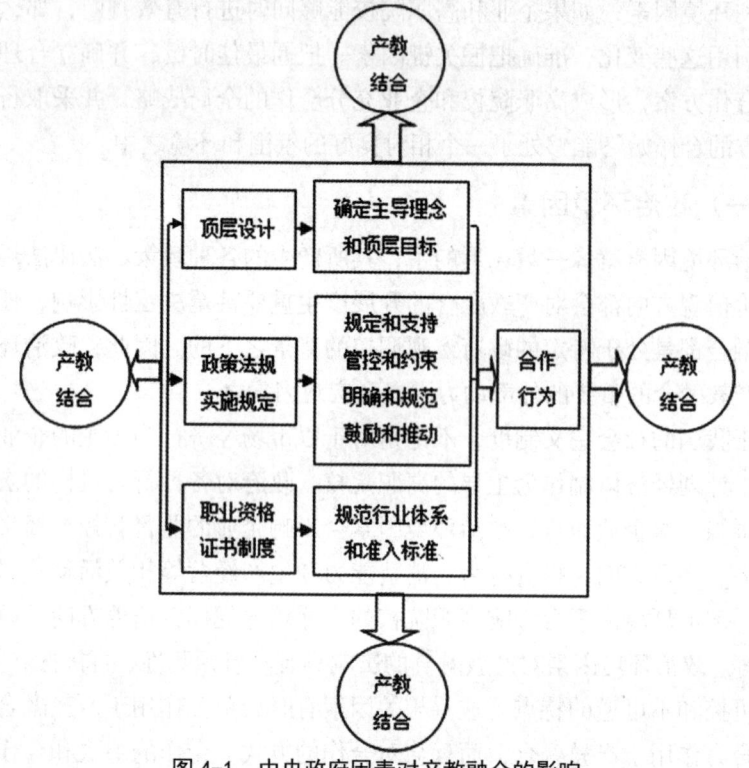

图 4-1　中央政府因素对产教融合的影响

（1）中央政府对产教融合办学的顶层设计

中央政府对产教融合办学的顶层设计是充分考虑高职院校和企业各层次的需要和各相关要素，统揽全局，在最高层次上为产教融合进行高端总体构想，将产教融合的整体理念和总体规划进行具体化的过程。中央政府通过对系统论的运用，从全局出发，追本溯源，对产教融合项目的层次、方向和各要素进行统筹引领，以集中有效资源、高效快捷地实现双方目标为基础，促使合作能互利共赢，进而促进国民经济的发展。中央政府承担着调配规划社会成员之间关系的职责，对产教融合进行顶层设计，对高等教育结合社会力量合作办学具有规范和引导的作用。尽管产教融合的动力源于双方的需求，但是双方在具体合作过程中的权利和义务仍然需要国家来进行引导和分配，以此来建立起双方各司其职、合作行为规范有序的良性循环合作系统，使合作结果能够有利于国民经济的发展，尽可能地避免双方互不信任、相互推卸责任、相互扯皮的现象发生。这主要体现在顶层设计的以下三个特性上。

①顶层的决定性。顶层设计的运行方向是自上而下的，产教融合的主导理念和核心目标都由顶层设计决定的，高职院校和企业均认可这种高端决定低端、顶层决定底层的模式，因此对于顶层的设计内容完全信服、完全认可，只有这样，才能在合作的过程中各尽其责。

②整体关联性。顶层设计着重强调高职院校和企业各自的内部要素、资源整合、合作方式和行为规范都必须围绕着国家的主导理念和核心目标进行关联、衔接、操作和匹配。

③实践可操作性。顶层设计的表述简洁明了，目标清晰明确，成果具备实际可行性，因此产教融合按照顶层设计的规划进行，不但是可实施、可操作的，而且合作成果也是可预见的。

（2）中央政府的政策法规及实施规定

政策法规是具有法律约束力的行为规则的总和，相关政策法规的完善程度直接影响着产教融合的开展。法律法规是国家意志的具体体现，是国家对社会组织和个体行为进行规范、统制、支配和保护的重要依据和手段，它对产教融合的影响主要体现如下。

①产教融合如果没有相关政策法规的规定和支持，很难在大范围内进行有效开展。

②高职院校和企业在产教融合过程中的权利和利益分配需要完善的政策法规进行管控和约束，以激发合作双方的合作积极性。同样，高职院校和企业在产教融合过程中的义务和职责确定也需要权威的政策法规来进行明确和规范，以保证产教融合能够有序地顺利进行。

③针对高职院校和企业在进行合作时所遇到的普遍性问题，中央政府可以通过出台一些政策文件，强制和引导并举，推动产教融合的进展。

（3）职业资格证书制度

职业资格证书制度是按照国家统一规定的职业技能标准或资格条件，通过相关的考核机构，对劳动者的职业技能水平和专业知识进行科学、公正和客观的鉴定，并授予相应职业资格证书的制度。这是我国劳动就业制度和高等教育制度的一项重要内容，也是我国人力资源开发的一项重要战略举措。健全的职业资格证书制度是产教融合的有力助推器，其具体表现如下。

①职业资格证书是持有者求职的资格凭证，是企业招录员工的重要依据。

由中央政府进行统一规范的职业资格认证制度具有较强的权威性，减少了企业重新认证的麻烦和成本。企业所属行业所需要的人才具有相对集中性的特点，而高职院校的专业性决定了毕业生持证的相对集中性，久而久之，就会自动促成企业和高职院校的关联，并开展除了人才定向输出之外的其他更深入的合作。

②职业资格证书制度由国家统一制定并执行，具有权威示范性，代表着行业内的规范标准和准入门槛。企业为了自身技术的市场兼容性，就不得不对自己的员工进行统一的行业标准培训，以统一技术标准和操作流程实现与业内市场的无缝对接。但是企业作为独立的市场经济体，很少有属于自己的正规的、师资雄厚的培训部门，此时，企业就会转向具有培训优势和实力的高职院校，以此来节约员工培训的成本和提高培训的效果。由于市场的竞争性，企业为了能够提前争取到优秀的专业人才，有可能会考虑提前介入高职院校的人才培训，在企业的参与下，结合高职院校的人才培养方案提前进行员工培养。

2. 地方政府因素

地方政府是相对于中央政府而言的地方各级人民政府。与中央政府相比，地方政府的职能和权利更加具体化，如确定地方区域经济发展战略、调整区域产业结构、制定地方税收政策等。地方政府对产教融合的认识和重视程度、对上级政府产教融合相关政策的执行落实情况、对区域经济的发展规划和结构调整方向，以及对产教融合有着直接影响，如图 4-2 所示。

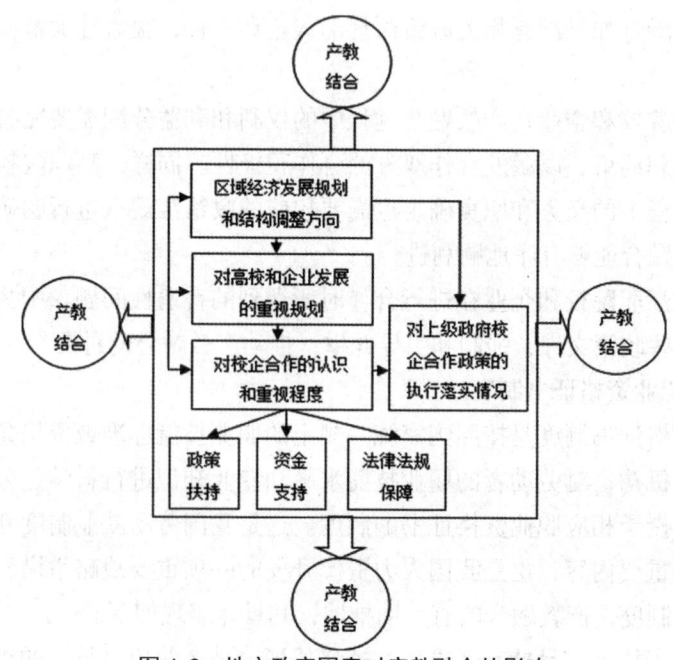

图 4-2　地方政府因素对产教融合的影响

（1）地方政府对产教融合的认识和重视程度

地方政府对产教融合的认识程度直接决定了政府的政策支持力度，对产教融合的重视程度直接决定了政府的政策优惠力度，而政府的政策支持和优惠是企业参与合作的第一推动力，直接影响着企业参与合作的积极性。最初的产教融合都是由政府主导进行的，属于完全的政府驱动型合作，由国家意志和各级政府进行推动和促成。因此，高职院校和企业的合作既需要中央政府的宏观政策的指导，更需要地方政府的具体政策的支持。地方政府对产教融合政策方面的影响主要体现在政策扶持、资金支持和法律法规完善三方面。

①政策扶持。政府可以通过减免税收、财政补贴、税收按比例返还等政策调控手段为产教融合创造良好的合作环境。

②资金支持。一些利国利民的重大科研项目往往需要经历复杂的试验和较长的研究周期，中间试验阶段的耗费要远远高于成果转化阶段的耗费。这种项目不但需要巨大的资金投入，而且科研结果还存在着极大的不确定性，面对这种项目的巨大投资风险，企业和高职院校一般都难以承受，这就需要政府财政资金的支持。目前，一般是由政府出面组织协调，并通过财政资金承担产教融合项目经费的一部分，降低高职院校和企业的成本投入和风险系数。此外，对于一些重大的合作项目，政府会通过财政拨款建立专项基金，专款专用，为产教融合经费的来源创造多元化的平台，免除高职院校和企业的后顾之忧。

③法律法规的完善。地方政府虽然立法权力相对有限，但是在初始阶段可以通过制定相关的管理办法来对产教融合行为进行法律框定和规范指引，然后再试行、修改和完善，后报上级部门进行立法。地方政府根据地方区域环境发展所制定的法规一般具有较强的实用性和针对性，可以为产教融合提供一个有法可依、有据可循的合作平台，促进产教融合新机制、新模式的产生，促进地方区域产学研的发展，进而推动地方经济的转型调整。

地方政府对产教融合的正确认识和高度重视能够有效地提高高职院校产教融合的社会地位和认可度，确保学生家长、学生、教师对产教融合的信心，激发企业参与教育事业发展的积极性。政府政策和资金的支持，再加上法律法规的保驾护航，将会吸引更多的企业和高职院校加入产教融合中来，产生集群效应。政府出面组成的产教融合管理机构具有更高的权威性和可靠性，可为校企之间信息共享提供便捷，其所提供的组织协调、监督管理、引导规范服务能够增强校企双方的信任度、合作行为的规范性和合作的成效性。

（2）对上级政府相关产教融合政策的执行落实情况

上级政府制定的政策法规是需要靠地方政府来执行落实的，地方政府的落实情况取决于对政策法规的理解和重视程度，更取决于地方政府领导的执政理念。地方领导的执政理念越先进、越开明，对产教融合的接纳度和重视度就会越高，执行落实效率就会越高。因此，地方政府能否对上级政府对产教融合的引导做出正确和深刻的解读，根据地方的发展需要和实际情况，制定具体的实施计划和切实可行的方案举措，决定着上级部门制定的政策法规的信度和效力，进而决定了高职院校和企业在合作过程中的投入和利益保障，以及影响着产教融合能否顺利开展。

（3）对区域经济的发展规划和结构调整方向

地方政府对区域经济的发展规划和结构调整方向影响着高职院校科研项目和人才培养的方向和规模，影响着企业的市场布局和发展规划，进而影响着产教融合。一般而言，地方政府会结合当地的经济发展现状、特色和国家战略，确定重点扶持的行业，如果高职院校的专业设置能够与重点扶持的行业领域相关，那么政府给予的支持就会较多。因此，从高职院校层面来看，地方区域经济影响着地方政府对高职院校的投入和支持，制约着高职院校相关专业的发展速度和结构层次，进而影响着地方的经济结构和人才结构，同时，高职院校又能反过来作用于地方区域经济的发展。从企业层面而言，企业的行业属性决定着其能否获得地方政府的扶持。出于从培养符合重点行业人才的角度和对重点行业带动经济发展的考虑，政府会为属于该领域的企业和高职院校牵线搭桥，甚至会为合作提供更多的政策和资金支持，以促进产教融合的成功率和有效开展。

地方政府在产教融合过程中的作用主要体现在以下三个阶段。

①在合作关系确立前，地方政府可以对产教融合项目进行目标评估和资源条件满足情况评估，一旦符合合作的条件，政府便可以出面牵线搭桥，以政府信誉促进合作双方建立优质的信任体系。

②在合作过程中，地方政府可以根据项目的价值给予适当的资金扶持，并在金融政策、法律政策和人才引进政策上给予适当倾斜和优惠。

③在合作关系结束后，地方政府可利用其舆论威信对创新性的合作模式和科研成果等进行大范围推广，并对其中涉及的商业环境进行针对性的完善，为下一步的合作创造条件，奠定基础。

（二）经济环境因素

在商品经济背景下，生产者和消费者为了满足各自的需求所发生的商品或者服务的交换行为，以及交换的条件、交换的关系和交换的过程的总和构成了市场的广义概念。

产教融合的产生、形成过程所处的社会经济发展状况和国家经济战略统称为市场经济环境因素。从经济学角度而言，产教融合就成了一个微型经济体，是在市场经济体制下的一种特殊经济行为和产业发展模式，产教融合的产生、发展和创新总是在一定的经济环境下进行的，并受经济环境中各种因素的诱导、制约和驱动。产教融合是以获得收益为最终目的的，合作的成果一般都是以产品或服务为最终载体。因此产教融合的初衷是对价值创造方面的追求，也就是说产教融合机制建立的出发点应该是市场需求。合作项目的成果最后也必须由市场来进行检阅，只有得到市场的认可，合作的价值才能最终实现。无论是供给方的市场竞争需求还是消费方的购买需求，都是推动产教融合的重要因素，二者相互渗透、相互影响、相互补充，共同凝聚成推动产教融合的主要力量。

一方面，在当今知识大爆炸和技术创新日新月异的时代，科技水平更新换代速度空前提高，新产品层出不穷，进一步缩短了产品市场的响应周期。任何一个经济体的发展都必须依赖充足、雄厚的经济基础，若想进行超常发展就必须依赖技术创新，积累掌握领先于行业水平的先进技术，只有如此，才能获得充足的生存能力和发展空间。另一方面，随着我国改革开放程度的加大和经济发展水平的快速提高，人们的需求水平和品位也在不断提高，高职院校和企业作为经济环境中的两个独立个体，都承担着满足人们不断增长的物质需求和精神需求的责任，而个体单独的发展已经远远不能满足人们的需求，寻求合作是经济发展的必然要求。高职院校和企业虽然是两个完全不同的主体，但是所处的经济环境是相同的，而且在自身的发展过程中都面临着激烈的市场竞争，竞争的结果就是优胜劣汰。为了在激烈的市场竞争中占领更多份额，获得更多、更持续的市场利益，高职院校和企业必须充分考虑到市场中已经确定的有效需求和不确定的潜在需求。其中有效需求决定着当下二者合作的方向和模式，主要以尽快利用成熟理论、技术和成果提升市场竞争力为主要目标，并不断巩固自身的竞争力；潜在需求主要决定着二者合作创新的未来方向和发展趋势，即使是顶尖高职院校和企业为了维持自己长久发展和获得超额利润，也不得不重视这一点。因此产教融合双方必须要保持强烈的市场经济环境意识。

此外，随着经济的发展，社会分工也在日趋细化和深化，企业依靠自身的力量已经很难做到面面俱到，以及保证各个环节都专业。因此，企业就必须在保证自身主流业务不断创新发展的基础上，通过与外界组织的联动、合作，将一些非主流的服务和业务外包给在行业内具有优势的其他企业，这样企业才能将更多的精力和资源放在主流业务的技术引进、模仿、消化、吸收、改进和创新上面。在所有的外界组织中，高等院校有着与企业完全不同的资源和能力。对企业而言，与高职院校的合作，具有互补、协同、促进的效应，使企业对自身劣势的弥补更有针对性，同时也能够使技术创新的频率和经济效益得到提高。

（三）社会环境因素

社会环境是指一定时期内整个社会发展的一般状况，是人类在生存、发展和进步的过程中所积累的各种财富和形成的各种关系的总和。其主要内容包括社会结构、文化传统、社会道德标准、生活方式、人口规模趋势、文化教育、意识形态和价值观念等。社会文化环境是影响企业发展和市场的诸多变量中最为复杂、最为深刻和最为重要的变量，体现着一个国家、一个地区、一个民族的社会进步和文明程度。因此这里所提到的社会环境主要是指社会文化环境。社会文化主要是指人类在长期发展历程中所积累形成的受教育水平、特定价值观念（伦理道德规范、审美观念、宗教信仰及风俗习惯等）、人口因素、行为方式、文化传统、社会流动性和消费心理等内容。某一特定时期的社会文化影响和制约着人们的消费观念、购买意愿、消费行为、需求欲望及特点和生活方式等。这些不但会对企业的销售理念和营销行为产生直接影响，而且对高职院校的培养理念和培养模式也会产生影响。任何企业和高职院校都处于一定的社会文化环境中，二者的所有决策和合作都必然会受到社会文化环境的影响。为此，高职院校和企业应对社会文化环境进行充分的分析和了解，针对不同阶段的社会文化环境制定不同的发展策略，组织不同的推广活动。

其中，受教育水平的高低会直接影响校企合作目的、合作层次、合作路径、合作模式和合作水平。特定的价值观念主要是指人们对社会生活中各种事件、事物持有的态度和看法，以及评价各种行为的观念标准。生活在不同社会环境中的人们价值观念相差很大，这种具有差异性的社会文化价值观是一种潜移默化的精神力量，是所有外部环境中最基本、最深层次的元素，不但能够对其他社会环境因素产生影响，而且能够间接地促进或阻碍学术、技术活动的开展，形成一定的社会规则、引导性制度和市场偏好等。人口因素包括高职院校和企业所在地居民的性别、地理分布、种族、密度、年龄和受教育水平等。人口因素对高职院校和企业的总规模有着直接决定性的影响——人口的性别和年龄结构决定着产业的类型，进而影响着社会的供给侧结构；人口的地理分布决定着高职院校和企业位置的选择；人口的受教育水平影响着该地区的人力资源状况；人口数量和家庭结构的变化也会对消费品的需求和未来变化趋势产生影响，因此也会影响到产品的生产规模等。行为方式主要指当下及新兴的生活方式与时尚潮流。社会文化因素反映了一个事实，即文化的交流、繁荣和融合使得社会变得更加多元化和开放，人们对物质和精神的要求越来越高，进而对美学、社交、求知、自尊和品位的需要也越发强烈，这些都是高职院校和企业合作过程中所要面临的挑战。文化传统是一个国家、地区和民族在较长的历史时期内所形成的一种社会习惯，也是影响市场经济活动的重要因素，如中国的春节，西方的圣诞节、情人节等背后都蕴藏着深刻的哲学理论、经济理论和商机等。社会流动性主要涉及人口内部的群体规模、社会阶层之间的差异，以及不同阶层之间的转换率、财富构成变化等，不同的阶层对高职院校和企业的期望也会不同，例如，高职院校和企业对员工的评价标准是工资收益、科研成果、论文数量等，而消费者则主要关心的是产品的价格和质量、教学的效果和学生的就业质量等。消费心理对产教融合的战略也有很深的影响，例如，有的消费者就是要追求新鲜、前卫、时尚的产品、课程和活动体验，因此高职院校和企业的合作目标就必须考虑到产品的类型，以满足不同顾客的消费需求。

（四）技术环境因素

技术环境是指随着生产力的不断提高，社会技术总水平的发展变化趋势。技术是社会生产力最活跃的因素。技术的突破和变迁不但会对单个经济体产生影响，而且还会对政治、经济、文化等社会环境产生影响并相互作用，反作用于技术环境。科学技术是第一生产力，是全球化的主要驱动力，是任何经济个体永葆竞争优势的王牌后盾。如今，科学技术的迅猛发展、深刻变革正对每个经济个体的整体发展状态产生着巨大的影响和冲击。对企业而言，科学技术的快速发展使企业技术的更新能力面临着挑战，企业必须时刻保持对新技术的敏感嗅觉，尤其需要关注行业内部相关科学技术的现有水平、先进水平、可能突破的方向及发展的速度，不管是对于新材料、新设备、新方法和新工艺等"刚性"技术，还是对于先进的管理理念、管理方法、管理技术和管理模式等"柔性"技术，企业都需要随时跟踪掌握和学习。就高职院校而言，高职院校承担着为社会培育人才的重要职责，也是国家科学技术研发创新的重要输出地，其对国内外先进技术前沿的把握和技术发展趋势的把握必须保持超前水平。此外，技术环境不仅直接影响着高职院校的硬件建设、教学方式、科研方向和科研成果的认可度等，还同时与其他社会环境交叉融合、相互作用，最终通过市场调控反过来影响高职院校的下一步发展。

互联网技术的快速发展使得科学技术具有变化快、变化大、影响面广和传播迅速的特点，这极大地缩短了技术交流的时间，拓展了技术扩散的范围。如果高职院校和企业在技术创新上不能及时跟进，就难以获得竞争的优势和持久性。在这种情况下，高职院校和企业都有提高自身技术水平的迫切需求，而产教融合的强强联合方式不仅能够满足双方利益诉求，还能够极大地缩短技术创新的周期，并且能够实现充分的资源共享。产教融合建立共同创新的合作伙伴关系，这是科学技术发展所起到的推动作用。双方通过协同创新合作，取得技术突破后，推向市场，这又会成为下一步产教融合的创新推动力，经过几个循环和周期，最终形成了一种良性循环。学术界将此种模式称之为"技术规范—技术突破—技术轨道"模式，即新技术的突破一旦形成惯性和模式，就会构建出能够源源不断产生新技术的技术轨道。

此外，科学技术对产教融合的方向还能产生诱导作用，对技术创新的趋势能够进行预期，进而影响产教融合的战略选择。如技术的进步能够使企业进一步增强对市场和客户的分析能力和控制能力；新兴技术的出现会导致其他行业对本行业产品和服务需求的增加，可以帮助高职院校扩大合作范围，使企业扩大经营范围和开辟新市场，增加收益；技术进步会使生产方法不断更新，从而可以使企业在不增加成本的情况下提高产品性能和服务的优质程度，从而巩固竞争优势；技术更新会增强用户体验度，导致旧产品被淘汰，缩短产品在消费者手中的生命周期，激发更多的购买需求；新技术的发展可以使高职院校和企业更有意识地注重自身的社会责任和关注可持续发展和增长的问题，如必须注意环境保护、避免不必要的资源浪费等。

环境因素本身对产教融合的影响具有一定的层次性，社会文化环境可以作用于其他因素而间接地对产教融合产生影响，而且蕴含着诱发合作进行技术创新的精神动力，因此它是最深层次的因素。政治因素、市场经济因素和科学技术因素对产教融合主要产生直接影响。科学技术环境主要由科技知识和技术水平的积累量构成，记录着一个国家的科学发展历程。它对产教融合的作用有正反两面性，它既可以以技术创新为推动力促进产教融合行为的发生，也可能会因落后的技术水平制约产教融合的发生。同理，经济环境和政治环境也可为产教融合提供相关要素、空间和规范标准，既可以为产教融合提供动力，也可能对产教融合的方向产生约束。由此可见，产教融合行为实际上是在各种因素、制度和环境的共同影响和约束下，为了各自的利益诉求而相互促进、相互妥协，并不断创造知识和产品的过程。产教融合在具体的环境氛围中交织出了一张密集的、具有明显环境特征的合作关系网。

三、合作机制运行的规制因素

影响产教融合运行的规制可以这样理解：合作机制是只有合作主体双方主动去建立与其发展相适应的合作流程、合作细节，以及相关的规范化的标准制度后，才能使高职院校和企业两个具有完全不同文化的主体建立起统一的管理规范和业务流程，实现合作机制中的各种资源的无障碍、有效配置。因此，在合作的过程中会通过合作机制来规范企业与高职院校的合作过程。通常而言，这里所说的合作机制的内部规制具有以下五种职能。

①完成资源配置，通过完善资源在机制内部进行流转配置的规制，最大限度地节约流转资本，提高效率，保证有限的资源能够都配置在最需要的位置上。

②实现有效激励，通过机制内部合理激励机制的构建，最大限度地调动机制主体创新的积极性。

③控制潜在风险，即通过机制内部的监督管理和动力平衡机制，在风险的潜伏期进行源头防范。

④构建合作秩序，使机制中相关主体在合作过程的各个环节能够相互信任、相互扶持、相互协作、有序发展。

⑤统一标准，通过规范合作主体的管理制度和规范、业务流程和标准，形成相同的或者具有兼容性的判断标准。

通过合作机制的这些职能恰到好处地发挥出正面的影响效果，以保障产教融合的畅通持久。因此，合作机制是一个重要的规制因素。

第三节　相关机构因素分析

一、上级主管部门因素分析

上级主管部门对产教融合有着至关重要的作用，对产教融合起到了约束、促进和监管的作用。上级主管部门的发展理念和经营格局对下属高职院校办学和行业内部产教融合的支持度有着很大的影响。如果主管部门非常注重行业或企业的长远发展，就会加大对人才储备和培养的力度，重视技术的不断创新，从而促进产教融合的建立。这种支持办学、服务社会的责任感又会促使更多的企业和高职院校效仿，从而出现整体效应和共生效应，促进全行业的协同发展创新。

上级主管部门的社会地位会影响其对产教融合的合作意愿、支持力度、给予的合作资源的种类和质量等。一般而言，上级主管部门的社会地位越高、经济状况越好，系统内的合作成功率就越大。

二、中介机构因素分析

尽管产教融合双方的合作是自愿的、出于市场需求的，合作双方确实存在着资源和能力的互补，但是有时当高职院校和企业之间的合作关系的建立处于徘徊中时，如果存在双方都信任的专业机构出面协调担保，双方的合作就会容易达成。由此可见，中介机构在这个过程中发挥着重要的桥梁纽带作用，它的存在和介入大大降低了高职院校和企业合作双方的不信任感，以及寻求合作伙伴时的搜寻成本。此外，针对中介机构比较成熟的行业，高职院校和企业对从中介机构处获得信息有着同等程度的依赖性。

（一）金融机构

金融机构是指从事金融服务的相关机构，是金融体系的一部分。在产教融合过程中，金融机构的介入可以通过办理科技信贷的相关专项业务有效地解决政府、高职院校和企业三方的资金问题，是产教融合平台的融资来源和渠道。科学技术投资是一种高风险和高回报的新型投资活动，为风险投资家所青睐。

（二）科技中介机构

科技中介机构是指面向社会开展技术扩散、科技评估、创新决策，为创新主体提供成果转化、创新资源配置和管理咨询等社会化和专业化支撑的服务机构。科技中介机构属于典型的知识密集型服务业，也是国家创新体系的重要组成部分，能够为产教融合提供专业化的支持和服务，促进产教融合的完成。

科技中介机构对产教融合的支持主要有以下三种类型。

①直接参与产教融合项目技术创新过程。这种类型主要提供一些具体的服务支持，如通过成立工程技术研究促进中心促进产教融合过程中的生产力的提高和技术创新的科技规范等。

②利用自身的技术和市场优势、现代企业经营管理的专业知识为产教融合的项目或主体提供市场性、专业性都较强的咨询服务，如科技评估、招投标信息技术咨询、情报信息积累分析、知识产权和专利事务咨询代办等。

③通过技术市场、人才市场和产权交易机构等为科技资源的市场流动和转化提供信息、咨询和中介服务，实现科技资源的有效配置和效益最大化。

中介机构的加入为合作双方提供了信息、技术、法律，以及知识产权方面的强有力的支撑，为校企双方能够制定切实可行的合作方案奠定了基础，也为产教融合项目平台中的人才招聘、培训、评级和推荐都提供了便利。

科技中介机构的资源整合作用对产教融合而言具有较强的吸引力。科技中介机构对资源的整合主要有以下两种方式。

第一，高职院校或企业选择的合作对象有时不止一家，不管是同类行业还是不同类行业，在产教融合过程中的某些技术领域都会存在着一些共性，如果每个项目都靠自己研发，不但会导致重复投资，而且有时技术的复杂性和人才需求的专业性过强会使得这些共性技术并不是每一家企业都有能力掌握，这时科技中介机构就可以发挥其优势，通过对多个企业的需求调研，与专业科研机构对接，对产教融合具有共性的中间技术和需求进行定制开发，各家参与机构只需要支付比自己单独开发低得多的费用就可以拥有使用权，然后根据项目的特殊需求进行二次开发。但是由于涉及多家企业和科研单位，这种方式在具体的协调过程中存在着诸多的协商问题和交易成本，有待进一步探索和研究。

第二，科技中介机构有时会用一些可能吸引企业的项目先与高职院校进行合作投资，当项目成熟到一定程度，具备转化为现实经济效益的条件时再跟企业沟通，邀请其加入。这种方式的优点在于降低了产教融合前期企业面临的不确定性和风险性，有利于激发企业参与的积极性。缺点就是科技中介机构在这个过程中成了完全的风险投资人，承担了所有的潜在风险，如果这些资金是通过融资或者政府拨款而来的，那么就相当于把风险转嫁到了投资者和政府的身上。

总之，科技中介机构如果组织得合理得当，再加上良好的信誉和沟通协调能力，就能够显著地提高职院产教融合的绩效，为更多的产教融合奠定基础和提供可借鉴的经验。但是信用保障机制和成熟的利益分配模式的缺失使得多方沟通的成本太高，也使得合作的过程中存在着很多障碍。探索出一条缓解合作主体矛盾、信任体系完整和利益分配机制明确的科学组织模式是进一步提高职院产教融合成功率的关键。

第四节 各主体影响因素之间的关系

一、学校与其他因素关系分析

（一）高职院校和企业

高职院校和企业之间是一种供给方和需求方之间的市场供求关系。企业出于自身发展和市场竞争的压力，对人才和技术的需求是持续不断的，而高职院校这时就是供给方；同时，高职院校需要募集更多的发展资金，支持、实现科研成果的现实转化，以及为学生提供更多的实践基地等，而这时企业就是供给方。高职院校和企业之间的关系是产教融合系统中最基础、最稳定和最重要的关系，是其他所有因素之间的关系形成、发展和完善的源动力，并制约着校企关系的继续和终止，同时也会随着校企关系的变化而变化，构成新的系统和关系来服务和制约校企关系的发展。

高职院校和企业之间的供求关系决定了合作主体双方的利益共享和分配机制。在这个子系统中，高职院校和企业既有利益共同点，又有利益分歧点，只有双方都寻找到自己的合理利益点时，供求关系才能达到平衡。而这种供求关系能否达到平衡，也影响着其他因素之间的关系是否达到平衡，以及各因素之间关系的走向和表现方式。

（二）高职院校和上级主管部门

高职院校和上级主管部门之间是一种行政隶属的管辖关系，即高职院校是归上级主管部门领导的。这就决定着高职院校有很多事情都不能自作主张，必须由上级部门进行审核批示之后才能进行，高职院校的发展在很大程度上取决于上级主管部门的支持力度。上级主管部门的整体发展规划和管理理念直接影响着高职院校的发展，尤其是高职院校与相关企业的合作。上级主管部门可通过行政手段、政策措施和源头把控等多种方式促进或阻碍产教融合关系的建立，同时，主管部门的改革和发展又依赖于高职院校的改革和发展，尤其依赖于高职院校丰富的人力和智力资源。因此，高职院校和上级主管部门之间的密切度、友好度直接制约着高职院校和企业的合作关系的建立和维持。

（三）高职院校与政府部门

高职院校与政府虽然是行政上下级关系，但是二者之间的关系更倾向于服务型、友好型的利益同盟关系。这种关系主要是由二者自身的属性和职能所决定的，也是通过高职院校的上级主管部门来进行联络和传递的。尽管高职院校是独立法人，而且有上级主管政府部门的直接管辖，但是其他相关政府部门所制定的规章制度，以及整体的发展战略和激励考察机制等依然会对高职院校的发展方向和具体措施产生影响，进而对产教融合产生影响。

二、企业与其他因素关系分析

（一）企业与上级主管部门

企业与上级主管部门之间是行政辖属关系，也是合作伙伴和利益共同体。企业的发展代表着主管部门的绩效，企业的利益直接关系到了其对当地税收的贡献。企业与上级主管部门之间的关系要比高职院校与上级主管部门之间的关系更紧密、直接和明显。这主要是因为企业和上级主管部门之间的关系是双向的，而且是以经济利益为纽带的共同合作的关系。而高职院校的主管部门一般都是教育部或者地方的教育厅、教育局等，它们之间的关系则主要是单向的，即上级主管部门为高职院校提供发展支持，高职院校由于其自身不产生经济效益，与主管部门之间也没有经济利益往来。

企业的上级主管部门通过制定行业规划来指引和领导行业内企业的发展，主管部门更多关注的是本行业的经济收益，正因如此，也会更加关注行业内企业的发展需求和利益诉求。企业的发展又决定着本行业的发展，代表行业的发展水平，奠定了行业产业结构升级和改革的基础。因此，更确切地说，企业与上级主管部门之间的关系是一种在政策上依赖、在资源上共享、在利益上共赢的关系。

（二）企业与政府

企业与政府之间的关系是互相影响、互相妥协和互相渗透的博弈关系，企业与政府之间的关系直接关系着产教融合的产生和顺利执行。所谓博弈，是指企业和政府在一定条件和规则之下，从自身利益出发，选择自己认可的行为或策略并加以实施，并从中获取各自利益和结果的过程。企业和政府博弈的案例存在很多种，如价格战博弈和污染博弈等。其中价格战博弈虽说是企业和企业之间的一种为了追求利润最大化而进行的市场商业竞争，但是如果企业采取联合行动就会将价格战转向价格垄断，实现利益的最大化，这就会破坏社会的整体经济效率，使得自由竞争的市场失去自主调控的功能，严重扰乱市场秩序，这时就需要政府出面干涉，避免此种情况发生。污染博弈是指假如企业为了追求自身发展污染了环境，政府并没有制止，那么企业就会以牺牲环境为代价而继续追求利益最大化，丝毫不会投资于环保设备。如果只有一家企业投资于环保设备，那么该企业的成本就会增加，产品价格就会提高，就会失去市场竞争力。这时就需要政府出面对环境污染进行强行管制，这样企业才会重视环境污染，进而采取低污染的价格组合策略。

由此可见，在现代市场经济体制下，企业和政府的关系主要是政府在市场自主调节的基础上对企业的行为进行干预甚至强制执行的关系。企业是政府最重要的利益同盟者，企业的兴旺发展与政府的政策和干预息息相关，政府的决策和干预不得不充分考虑企业的需求。但是有时企业为了追求利益最大化，又总是挑战政府职能的极限，使得政府不得不采取强制措施进行干预。因此二者之间始终保持着一种相互依靠、相互制衡的关系。如果企业能够在遵守法律法规和社会公共政策的前提下进行商业行为的实施和对利益最大化的追求，那么政府就可以尽可能地为企业的发展创造条件和提供政策支持，从而间接地促成产教融合的顺利进行。

三、其他耦合关系分析

（一）主管部门与政府

不管是高职院校的主管部门还是企业的主管部门，其一般都是一些具有明显行业特色的基本行政管理机构，往往直属于国务院或地方政府直属机构，代表中央政府或地方政府行使着宏观规划、微观指导以及监督管理的职责。一般而言，主管部门一般受政府部门的直接领导，工作任务也是由政府部门直接委派，行为准则和部门整体职能规划受政府部门的制约和调控。由于企业与上级主管部门之间的关系紧密度要高于高职院校与上级主管部门之间紧密度，因此政府部门可以通过制定相应的科技、投资和市场政策法规，行使行政职权进行监督引导，以对产教融合进行促进或限制。

（二）中央政府与地方政府

中央政府与地方政府之间的关系是一种垂直结构的、领导和被领导的、层层节制的关系，还存在着一种基于权利分配关系基础上的利益分配关系。中央政府对地方政府既有依赖又有制约，依赖是指依赖层层地方政府执行中央的命令和指示；制约是指保证地方政府在遵守各项法规政策的前提下寻求当地经济的发展，防止贪腐或权力寻租行为的发生。而地方政府对中央政府则是既归属又相对独立的，归属是指地方政府及领导是中央政府组织、任命的，主要职责是响应中央号召，执行中央政策；相对独立是指地方政府在执行中央政策时始终代表着地方利益，不得不在中央政府的命令指示和地方经济发展的需要之间寻求平衡，将中央政策进行解读，而且照此执行。因此，二者在产教融合中的作用也不尽相同，中央政府主要侧重于发挥宏观引导、规划，以及监督管理审查的作用，而地方政府则主要是在响应贯彻中央精神和政策的前提下，根据自身的经济发展和独立利益需求对产教融合进行政策扶持和定向引导。

（三）中介机构与高职院校、企业和政府

中介机构受政府管控，在高职院校和企业的合作之间发挥着穿针引线的功能。中介机构一般情况也是以营利和获得支持为目的的，会对政府的政策、发展战略和重点扶持方向进行深入、透彻的分析，并紧跟政府的脚步，随时随地调整自己的服务对象和方向。因此，中介机构也是政府作用于产教融合的"传导器"。金融和科技等中介机构的建立和完善，实际上是代替政府为产教融合进行着有效的和专业的金融、科技等服务，在高职院校和企业之间主要起沟通联络、帮助扶持和牵线搭桥的作用，尤其是风险投资的加入，有效地为政府缓解了财政风险，降低了产教融合过程中不可预见风险的发生概率，进而直接影响着产教融合的达成和实施程度。

第五章　高职院校产教融合中存在的问题与对策

在创新型人才需求的驱动下，高职院校深化办学转型，着力提升办学质量和服务能力，显然产教融合是必由之路。但产教融合在我国的发展历史较短，其效应并没有突显出来，合作主体和合作过程中仍然存在着许多问题。本章主要阐述的是高职院校产教融合中存在的问题与原因，探讨解决高职院校产教融合相关问题的对策。

第一节　高职院校产教融合中存在的问题与原因

一、高职院校产教融合中存在的问题

（一）高职院校方面的问题

1. 教育理念问题

我国高等教育深受传统儒家文化影响，"学而优则仕"、学历论、文凭论等观念十分盛行，这使得我国人才市场的评价标准具有显著的单一性。用人单位面对我国教育事业培养出来的人才，只能以学历、学校的排名来进行人才选拔，学历要求越调越高，但仍然难以选出合适的人才。非理性、非客观的人才选拔标准严重影响了企业与所需人才的匹配度。

此外，高职的观念相对保守陈旧，与社会、企业和市场的互动较少，难以及时调整方向来适应社会的发展和企业的需求。大部分高职院校的视野和资源有限，而且深受传统教育思想影响，变通性和改革性较弱，由此引发的产教融合动力明显不足。

2. 办学自主性问题

由于历史原因及我国高职办学体制的特色，我国的高等教育较多地表现为政府行为和行业行为。高职校长的法人地位不明确，高职办学的自主性不够，

如办学理念、课程设置、专业分类、招生计划、人才培养计划、办学规模、投资体制、财务制度等方面，都存在较多限制。

产教融合具有一定的时效性、灵活性和随机性，产教融合的办学模式需要高职具有一定的办学自主性去适应市场的多样变化。然而实际的情况是，我国大部分高职院校对市场的适应能力还不够，与企业协同程度相对较低。对企业而言，高职院校缺乏实际经济效益吸引力，也就无形之中缩小了高职院校可选择的范围，减少了机会。因此，若想顺利开展产教融合，就必须改变传统的办学模式，削减高职院校办学的政府行为，增强高职院校的办学自主性，以适应市场经济的发展。

3. 办学经费问题

高职院校的办学经费主要来源于政府的财政拨款，经费问题难以实现自力更生，因此，在产教融合办学的过程中存在各种经费短缺不足的问题。我国作为发展中的大国，高职院校办学的经费问题始终是一个难以解决的问题，制约着高职院校方方面面的发展。目前，各高职院校的相当部分精力都放在了争取上级部门更多财政拨款的工作上面，放在产教融合方面的精力相对较少。

教育事业是一项投资规模较大、成果见效周期相对较长、对社会和经济的贡献相对隐性的事业，因此就会产生教育收益与投入难以统计的局面。然而产教融合是一项需要经费支持度较高的工作，尤其是涉及具体合作内容和双方利益的深度合作，需要一定的前期投入，这部分投入一般都会由双方共同承担，而高职院校的经费都是有预算的，一般都是专款专用的，即使可以进行申请，但等待批复的周期也会很长，但是鉴于合作内容的时效性，很多企业都不会愿意等待，最终导致产教融合无疾而终。

4. 评价标准问题

我国教育体系中的评价标准较为单一化，即学历化倾向非常严重。社会和上级管理部门经常以规范各类学历教育为由进行相关监管和评价，在一定程度上影响了特色专业和特色教育的形成。在就业方面，以学历为导向的大环境氛围使企业往往以学历的高低来进行人才选拔，而不是凭借专业技能，评价标准相对单一。

5. 师生素养问题

①教师问题。学校聘用的兼职"双师型"教师一方面必须在企业完成工作，另一方面必须在学校完成兼职教学工作。因为这两项工作的性质、要求和管理机制不同，所以这两项工作经常会有冲突和矛盾，而且往往很难协调。

产教融合的合作双方需要安排高素质的专门人才共同开发和推进产教融合。目前大部分院校的众多专业还只能与一些地方的民营企业进行合作，虽然合作的民营企业也是地方相关行业的翘楚，但是民营企业高素质人才缺乏，产品技术含量不高、工艺不够先进的情况还是普遍存在的。安排企业中学历水平高、专业素养好的人员牵头产教融合的具体事宜，能大大提高产教融合的成功率。

由于高职院校专业发展的不平衡，专业服务能力也存在较大的差异，在产教融合的过程中，高职院校一定要强化服务对接企业的能力，大力支持基础薄弱的专业，防止出现短板效应。要提高教师服务企业的能力，主要是提高专业教师的业务、科研和技术服务水平，主动研发和接受企业委托的项目，能够和企业一起策划企业文化，形成互动体系，为企业提供更多的服务，如帮助企业对员工进行培训等。

②学生问题。近年来，虽然高职院校加大了学生职业技能的培养力度，但在学生职业素质教育方面仍存在不足，导致高职院校学生向企业角色转变存在一定障碍。在实习期间，合作企业要求实习学生遵守企业的规章制度、流程要求和安全操作规程。然而，实际情况是，许多学生没有为他们的职位做好准备，很难进入实际工作状态。与此同时，由于企业未能实现实习生的潜在价值，简单地将实习生视为廉价劳动力，无法有效地激发学生的工作兴趣和热情，导致学生对企业管理的抵制，增加了企业合作管理的难度，影响了企业对产学研合作的热情。

6. 人才培养模式问题

近年来，高职院校和企业积极探索人才培养模式，"定向培养"这种模式越来越广泛。一方面，定向培训班主要是以工作为基础的，学生有很长时间在企业实习。因此，这类班级在学校里有繁重的教学任务，需要占用晚上和周末的时间，所以学生会感到压力。同时，由于教学时间分散，一些参加自考的学生很难考虑自考课程。与此同时，由于学生强烈的自我意识，他们在企业工作时还要兼顾学习、家庭和利益，因此存在着消极工作的情况，这都增加了企业管理的难度。更重要的是，大多数学生认为他们只是企业中的临时工，没有学到企业中真正有用的技术和知识，这种消极的看法阻碍了学生做好工作。

另一方面，定向培养模式增加了教学管理的难度。学生在企业的实习是一种兼职，受企业劳动力需求变化的影响。由于学校在产教融合中处于被动地位，它必须改变教学计划和教学内容，以适应企业的需求。这涉及班级事务的调整。班级事务的频繁调整导致教学计划不完善，教师在制定教学计划方面有很大困难，日常教学管理的难度也增加了。

（二）企业方面存在的问题

1. 合作积极性问题

对于企业而言，存在的最大问题就是缺乏参与的积极性和动力，这也是国内外产教融合过程中普遍存在的问题。企业参与合作的积极性不高，在我国表现得相对突出，产教融合往往是高职方面"一头热"，合作难以深入开展。目前高职学生就业市场秩序较混乱，缺乏一定规模。国外的经验表明，足够的工作岗位和规范的就业秩序是产教融合的基本条件，具体表现为市场经济下健全的竞争机制、开放的人才市场和双向选择机制。

我国正处于经济转型的关键期，企业的生产经营和管理体制也随之发生了变化，越来越倾向于朝着高质量、高标准、专业化和技术化方向发展。在这个过渡时期，对专业的、成熟的、高素质的劳动力的需求量也会越来越大，就业岗位必然会出现短缺，再加上就业市场秩序的形成还需要一段时间，这对于以就业为导向的产教融合而言，必然会成为障碍。

2. 合作政策性问题

我国产教融合方面的法律法规还不完善，使得企业很多权利和义务都得不到保障，最终只能导致企业无法与高职院校达成合作的共识。企业能否取得经济效益是决定企业是否参与产教融合的关键，没有利益的合作很难引起企业的兴趣。我国高职事业刚刚起步时，上级行政部门的行政干预和宏观调控对于校企双方达成合作、共同培养人才起到了一定的促进作用。但是到现如今，我国高职院校发展到了一定的具有产教融合需求的程度，行政手段的直接干预对高职院校发展的促进作用已经降低，取而代之的是以直观经济效益为核心的利益导向机制。

尽管国内的中小企业逐渐增多，但是参与合作的企业比例和程度依然较低，这是因为企业是以追求利润最大化为根本目标的经济实体，在经济转型期间，经济相对不景气，企业自顾不暇，基本没有精力与高职企业进行合作，也没有足够的岗位留给合作院校的学生，对产教融合的热情必然会降低。

在复杂的国内外经济形势下，企业不懈追求的目标是获得最大的经济效益。因此，企业希望获得能够"招之即来，来之能用"的技术人员，其中与职业院校的合作培训就是企业获取人才的途径之一。然而，在产教融合的过程中，企业意识到与高职院校合作培养人才存在着很多不确定因素。

与此同时，由于中国的经济发展模式正处于从粗放型向集约型转变的过渡时期，尽管企业面临着高技能人才短缺的困难，但他们可以从劳动力市场招聘普通技术人员的现实抑制了他们对产教融合的热情，未能实现高职院校实习生的潜在价值，而只是把他们当作廉价劳动力。因此，企业在产教融合过程中不够活跃，缺乏参与合作办学的热情，缺乏产教融合战略的思考和实践经验。

3. 企业导向性问题

企业参与合作的积极性不高也主要源于企业的导向性指引不足，就这点来讲，企业自身负有直接责任，而高职院校负有间接责任。许多高职院校对产教融合的观念还停留在"纸上谈兵"的应试教育阶段，对企业生产环节的实际应用关注度不够。例如，要求劳动岗位专业对口，培养出来的学生学习成绩好，但学生解决实际问题的能力较差，总是想从书本理论中寻求解决方案、创新度不够等，最终导致企业很难接受和进行安置。

4. 企业资源问题

产教融合需要在实际培训条件、教师和管理方面投入大量资金。然而，从经济效益的角度来看，企业很难为校内校外培训基地的建设提供财政支持，高职院校也很难在产教融合中进行大量投资。由于高职院校办学时间普遍较短，很难满足学生在教学场所、校内实训条件、教师等方面的职业技能培训需求。因此，高职院校更愿意与企业进行生产与教学的深度整合，从而充分利用企业的软硬件资源，达到培养学生能力、提升学校自身形象、走上良性发展轨道的目的。然而，高职院校普遍缺乏资金，在产教融合中资金投入还不够。

（三）合作过程中的问题

1. 合作层次性问题

产教融合的过程中存在着合作主体认识肤浅、合作层次难以深入的问题。高职院校的主要任务是培养人才、科学研究、发展技术、传承文化，这决定了高职院校的发展离不开企业的支持与合作。校企深度合作的主要表现是实现高职、企业、学生、政府和社会等相关方面的双边多赢。

从目前的主要合作形式来看，大部分高职院校与企业的合作还主要停留在就业阶段的合作上，主要目标是提高学校的就业率台账，彰显学校的办学实力，这说明高职院校对于产教融合的认识还比较主观和肤浅。

从高职院校方面来看，主要体现在以下三个方面。一是高职院校对于培养市场所需要的技能型人才的理解还主要停留在领导决策和学校的红头文件上，并没有实现决策到策略的实际转变，从而严重影响了合作的深入开展。同时，从市场发展规划来看，如果高职院校和企业之间没有深度的合作，将会反过来对高职院校的办学事业产生负面影响，办学的目的将会难以实现。二是部分高职院校对于产教融合的认识还停留在初期认识阶段，总认为自身具备充分的优越性，觉得产教融合的意义不大，因而对产教融合非常不重视。三是部分高职院校的资源有限、合作能力有限，对企业的实际需求难以理解，提出的策略或解决方案达不到企业的需求层次，进而导致合作难以维系。

从企业方面来看，部分企业认为只要自身具备生产经营及扩大再生产的能力，就能完全实现预期的经济利益，就完成了企业成立之初的使命，并认为人才的培养是学校单方面的事情，与企业自身无关，更没有必要进行相关的投入。企业认为完全没有必要进行产教融合，从而缺乏技术创新、资源共享等方面的意识，最终导致企业扩张乏力，无法形成规模化发展效应，更不用说规模经济效应了。

从整体来看，产教融合还主要停留在人才培养、信息资源和技术资源的共享方面，或者是由企业向高职院校进行单纯的设备捐赠、员工培训、实践基地提供等方面，使得产教融合只能是处于浅层次的低水平合作，教育资源的深度优化难以完成，与产教融合的真正意义相距甚远，办学的整体效益难以实现质的飞跃。产教融合的深度有待挖掘，尤其是技术开发方面的合作。

2. 合作质量问题

产教融合过程中政府的调控和监督不恰当导致产教融合质量难以保障的问题普遍存在。文献研究发现，完善的法律法规是政府实现有效调控和监督的重要手段，对教育事业的支持和管理也不例外。例如，德国颁布的关于职业教育的《职业教育法》和《企业基本法》，堪称西方国家最严密、最详细的关于教育的法律法规，充分保障了学校和企业的权利和义务，相关部门还出台了相应配套的管理条例等，这些管理条例对产教融合的方方面面都进行了明确的要求，并通过法律法规的形式进行了明确规定，使得参与合作的企业和高职院校可以彼此充分信任地进行合作。

我国关于产教融合的调控和监督还缺乏有效的、完整的法律法规，产教融合的很多方面还缺乏配套的政策措施，关于产教融合的指导主要还停留在自发应对和应付的层次，监督性的法律法规还处于真空状态，产教融合的质量及质量验收难以保证。

3. 合作机制问题

合作主体内部差异较大，并且产教融合之间的合作运行机制不健全，这是校企合作中的重大问题。众所周知，高职院校和企业是两个具有完全不同属性的社会组织，高职院校的办学机制和企业的运作机制、高职院校的校园文化和企业的企业文化存在着本质上的差异，距离实现真正意义上的共通、共融还需要很长的时间。因此，建立必要的合作机制是保证双方合作深入开展的重要保障。目前实际的情况是，产教融合并没有进行深度合作，也较少地进行整体考虑和统筹安排，导致高职院校和企业之间的资源难以进行有效组合和产生更强功能的创新型完整系统，最终影响了高职院校办学目标的实现和预期效果的优化。

保障产教融合顺利开展的微观制度的不成熟和针对性缺失，特别是与现行的高职教育制度产生的矛盾使得合作双方感觉无能为力。合作主体之间的深度合作受到了影响和制约，使得学生在进行由学生到员工的社会角色转化时面临着较大的困难。在合作模式方面，大部分的产教融合仅仅局限于在校内建立实验中心，在校外建立实践教学基地，产教融合的机制主要是高职的输出机制和企业的接受机制。除了资金方面的输入，企业在其他方面很难实现对高职的输入，进而造成了合作关系的不对称等，最终影响了产教融合的深层次开展。

近年来，国家高度重视产教融合，进行了各种试点与试验。但是，对于产教融合过程中的操作环节，至今还没有建立权威、完整的准则和指导手册，也没有建立专门的产教融合协调和监督机构，更没有完善的机制和制度保障。在这种情况下，高职院校和企业虽然对于产教融合的益处达成了共识，然而，其中普遍存在着许多问题，如学生实习期间的事故责任和商业秘密的保护。双方之间的合作协议通常建立在个人感情或关系上。这种建立在感情基础上的合作非常脆弱，无法抵御市场经济的风暴。

4. 合作利益问题

产教融合的核心利益点是人才培养，在人才培养过程中要充分考虑各方利益，只有这样才能保障产教融合取得实效。

企业权益的保障。对于企业而言，通过与职业院校合作，一方面需要获得高职院校的技术支持，另一方面需要为企业储备高技术人才，但实际情况是高职院校的技术服务能力达不到企业的要求，培养的学生流动性过大，企业在产教融合中没有得到与其付出相对等的回报。

高职院校权益的保障。通过与企业合作，高职院校获得了实训设备，有了实训场所，安排了学生进行就业实训，解决了高职院校由于办学经费不足而导致的教学设备缺乏、学生就业难等现实问题。但是在与企业合作的过程中，由于企业自身利益的关系，先进技术的资料、高技术高素质的企业兼职教师的稳定性等对学生实践教学的设计、执行、管理和考核都无法完整提供作用，从而使得产教融合难以深入。因此，很多高职院校普遍把产教融合定位在为学生提供实习岗位上，最常见的做法是"放羊式"的实习，背离了产教融合的初衷。

教师权益的保障。在产教融合的过程中，教师要付出原创性劳动和投入相当的精力，同时在教学管理模式上，某些教师也会出现对变革不适应的情况。如果教师的权益得不到相应的保障，就容易出现对产教融合的畏难心理，甚至会产生阻力。

学生权益的保障。产教融合是提高学生培养质量的有效途径，这已是不争的事实，学生通过"做中学，学中做"可真正快速、牢固地掌握相关专业知识和技能。但是也存在着为了解决学生的实践教学安排，将学生安排在产教融合不深入的企业进行实训的情况，企业往往只让学生从事简单的劳动，学生成了企业临时的廉价劳动力，同时学生也无法在岗位上得到更多的锻炼。

（四）政府方面的问题

现阶段，产教融合的法规、优惠政策、鼓励政策尚不健全，地方政府在促进该项目方面的进展和实力也参差不齐。政府缺乏强有力的财政、政策和监管支持，这导致学校和企业之间缺乏合作的基础和潜力。尽管国家制定了相关法律来支持产教融合，但法律保障措施不力，一些地方把产教融合只停留在口头上，缺乏法律、制度的有效监控，没有足够的保障。

二、高职院校产教融合出现问题的原因

（一）合作机制待改善

政府缺乏有力的财政和政策支持，企业"行为短视"，学校偏重利益，没有形成长远的人才培养目标和产教融合机制。虽然国家为高职院校开展产教融合体制机制建设提供了政策支持，但是，我国高职教育体制机制改革是一项艰难、复杂和庞大的系统工程，规划纲要并不能完全解决现实中的具体问题。高职院校的教育事业行政体制机制与企业的市场经济体制机制无法有效地协调与统一。

（二）合作过于理想化

在市场经济瞬息万变的今天，我国的行业和企业仍处于改制和转型之中，要想在现有市场条件下寻求一个长期的、稳定的、能全面满足教学需要的企业更是难上加难。如何既保持教学的完整性、系统性，又能与企业合作灵活地调

整教学内容和实践方式，适应市场和企业发展的变化，是亟待研究解决的课题。

（三）合作目标不一致

企业追求的是生产和经营的利润，学校追求的是培养人才的质量。市场经济在给企业带来丰厚利润的同时，也带来了盲目性和风险性。如何避免市场经济的诱惑给学校造成的消极影响，防止急功近利的人才培养模式，保证学校的教育质量，也是高职院校与企业合作中亟待解决的问题和矛盾。

（四）没有紧跟市场

经过近些年来对产教融合的探索，高职院校一般都能根据社会发展需要及时调整专业设置，把调整专业结构作为一项战略来抓，集中力量在短时间内开设经济建设急需的专业。但必须注意的是，教育产品的长周期性决定了教育应有预见性。在专业设置方面，如何把市场的短周期性和教育及人才培养的长远性有效地结合起来，如何加强地方政府宏观预测的指导性，使产教融合不仅满足企业当前的需要，还要满足企业长远发展的需要，这是解决毕业生出路、满足社会需求变化不可忽视的大问题。

（五）政府职能缺失

产教融合不仅是学校与企业的合作、教学与生产实践的合作，也是一种科技与经济相结合的合作行为，应有相应的政策法规来调节、规范和推动，并提供必要的资金保障。因此，健全有关政策与法规，寻求资金投入的保障，并得到政府的重视、支持，这也是亟待研究解决的问题。在我国，一方面，由于没有明确的法规对政府在产教融合中的行为和职能进行约束，使得产教融合常常被认为是政府行为和职责之外的事情；另一方面，政府对企业参与高职产教融合的机制建设还停留在宏观管理和舆论宣传上，缺乏必要的法律、政策和制度保障，缺乏对产教融合的具体参与、检查和监督。因此，政府行为和职能的缺失成了制约我国高职院校产教融合发展的重要因素。

第二节　解决高职院校产教融合问题的对策

一、树立产教融合的办学理念

（一）认识产教融合的意义

产教融合是高职院校和企业基于不同利益寻求共同发展的一种组织形式。具体而言，产教融合是指职业院校与行业在人才培养、科学研究和技术服务领域的各种合作活动。这是一种利用学校和企业的教育环境和资源培养学生综合素质，将课堂教学与生产实践相结合，培养高端技能人才，满足一线生产、建设、管理和服务需求的教育模式。

1. 促进资源整合

高职院校的资金来源主要取决于地方政府的投资。资金不足的问题严重制约了高职院校的发展，影响了高职院校的教学设施、师资培训和师资队伍建设。产教融合可以有效解决高职院校发展资金不足的问题。

2. 推动人才培养

产教融合合作也可以促进高职院校人才培养模式的改革。在产教融合的过程中，企业参与人才培养的全过程，并与高职院校共同制定专业标准、课程标准、人才培养方案、人才培养目标和教学计划等。在人才培养过程中，企业可以带来行业发展水平和专业岗位的实际生产等相关信息，使高职院校的教学更符合岗位的实际情况，使培养出来的人才更符合专业岗位的需要。

在人才培养模式的制定中，产教融合可以使高职院校的人才培养朝着标准化、规范化方向发展，使高职院校的人才培养更加符合实际需要，提高高职学生的专业水平，促进高职学生就业。

3. 加速培养"双师"

高职教师在高职教育中扮演着重要角色。教师水平是影响高职院校教育水平的重要因素。因此，为了提高高职院校的教学质量和人才培养水平，有必要加强高职院校教师队伍建设。通过产教融合，高职院校教师可以定期在企事业单位进行兼职或兼职锻炼，以弥补岗位能力和实践能力的不足。同时，学校也可以从企业聘请技术和管理人员，使其成为学校兼职教师，负责学生的实际操作教学，以解决实际操作教师不足的问题。通过企业培训学校教师和企业聘用兼职教师，优化高职院校教师结构，提高教师水平，促进"双师型"教师队伍的建设。

4. 培养综合素质人才

高职院校与企业合作的目的是培养人才。因此,产教融合对高职学生的职业发展具有积极意义。通过产教融合,学生可以去企业实习。通过工作实践,学生可以提高实际工作能力,积累工作经验,为将来的就业打下良好的基础。在企业环境中练习将帮助学生尽快适应工作环境,完成从学生到员工的角色转变。在实践中,学生可以对行业和工作有直接和深入的了解,这样学生可以清楚地定义自己的职业方向和发展方向,以及职业规划。学生也可以通过实践来培养职业精神和道德,以提高他们的综合素质。

5. 提高企业效益和声誉

产教融合不仅可以促进企业在内部改革和转型中发挥主导作用,承担更大的社会责任,还可以为企业提供人才支持和技术支持,提高企业效率和社会声誉。一方面,高职院校的专业教师可以为企事业单位开展员工培训、信息咨询、技术开发、产品设计和项目策划,促进积极改革创新,增强科技实力;另一方面,来自高职院校的学生可以直接进入企业进行在职实践培训,为企业和机构提供季节性的高素质员工,降低企业的劳动力成本,增强企业的生产调整能力,达到提高效率和收入的目的。

6. 教育与生产相结合

随着社会的不断发展,教育过程和生产劳动过程这两个独立的社会活动,越来越有着不可分割的内在联系。教育和生产劳动之间的联系是社会发展的必然结果,不以人类意志为转移。产教融合实际上是工业和教育的结合,学校教育与企业生产的结合。在产教融合中,学校属于教育领域,而企业属于生产劳动领域。这两个领域原本是两个独立的领域,但是随着生产力的发展,大工业的生产方式已经出现,教育和生产劳动的关系越来越密切。

(二)明晰产教融合的理念

产教融合机制的核心理念为国际流行的工程教育理念——CDIO。它是"做中学"和"基于项目教育和学习"的集中概括和抽象表达,它是以工程项目(包括产品、生产流程和系统)从研发到运行的生命周期为载体,让学生以主动的、实践的、课程之间有机联系的方式学习工程。

教育学理论中的建构主义和社会学习理论已经被应用到了多种教学模式中,CDIO聚焦于其中的一种模式,成了经验学习。经验学习可以定义为创造经验并将其转化为知识、能力态度、价值观、情感、信仰和感受的过程。库博(Kolb)在关于体验学习的著作《体验学习——让体验成为学习和发展的源泉》

中阐述了经验学习的经典模式。

库博将体验学习模式描述为具体体验、反思与观察、抽象概念化和积极实践四个阶段，认为学习者应在上述四个阶段中往复循环，从而产生不断上升的复杂的学习体验。

第一阶段是体验，要求学习者从实际活动中获得直接体验，在真实的情境中或者模拟情境中体验，它必须具备真实的或可感受到的挑战因素，这种挑战可以是身体上的、情感上的或者认知上的。

第二阶段是内省，反思观察阶段是对体验数据的搜集和观察。学习者依据以往的经验、知识和理念，对第一阶段获得的具体经验进行观察和思考，通过个体的观察和反思，探求资料间的相关性，认识活动与结果之间的关系。

第三阶段是归纳，即抽象概括阶段，该阶段学习的重点是分析数据，将思考的方法与体验进行归纳，在情境中发现行为和结果之间的联系，对行为的方式和方法总结出较为合理的概念。

第四个阶段是应用，即实践检验阶段，学习者采用实践的方式，在新的情境中主动实验，对情境发生的过程进行干预，同时检验第三阶段的结论是否正确，并将获得的体验转换为自己所有。

在库博体验学习的四个阶段中，需要特别指出，教师在引导学生学习时应注意以下四个方面：第一，在情境设计过程时，需要从学生的体验与兴趣出发，使学生在体验情境中的问题时能够思考"为什么"这一关键问题；第二，有针对性地给学生介绍情境的事实，实验观察内容、原理及理论，解决问题的方法等，让学生有充分思考"是什么"的机会；第三，根据课程设计中的呈现过程向学生提供明确导向的动手机会，即"怎么办"；第四，积极鼓励学生获得经验，并将经验在实际情境中予以应用，使学生思考"如果做……才会怎么样"的问题。

综上所述，基于体验学习的CDIO教育是创造一种具有双重影响的学习体验过程。如果在学生入职前能够完成对学生的训练，就能帮助学生的提高人际交往能力及产品、过程和系统的构造能力，在训练的同时也完善了学生知识结构。

以CDIO理念为指导，根据高职院校的人才输出要求，来完成产教融合模式下的教学管理机制改革并进行有效推广，其过程具体如下。

①构思。策划CDIO教学大纲和标准。

②设计。基准评估；课程计划、教学、评估的发展；实践场所的设计。

③实施。测试与成型；完成满足教学改革要求的教师能力培训；实践场所的建设。

④运行。实施并转播教育，评估与评价，持续改进。
⑤改革后的教育发展和推广。

（三）拓宽工作思路

产教融合的内容是随着经济社会的发展不断拓展的。高职院校要在明确自身办学定位的基础上拓展思路，以就业为导向，以生产、教学、研发为依托，强化服务意识，提高办学实力和办学层次，扩大校企互利互惠的接合点。高职院校要建立为用户服务的理念和强烈的使命感，在自身功能定位上为企业发展担负起应尽的责任，主动融入企业发展的产业价值链。

①高职院校要增强工作的主动性和积极性。产教融合，功在当今，利在国家和人民，不可懈怠。要认识到，产教融合关乎职业院校的生存和发展，是学校进一步发展的抓手；要意识到，高职院校的发展在很大程度上影响着我国现代化建设的速度和质量，而产教融合是培养高素质人才的良好途径，必须持续推进，不断创新。

②企业要更新观念，提高对产教融合潜力的研究和认识。人力资源是企业发展最宝贵的财富。要切实认识到产教融合对自身发展的重要性，提高从事此项事业的紧迫感；要通过产教融合提高员工的素质和水平；要认识到通过产教融合可以拓展人才培养渠道，保证优质人才的大批引进。

③政府要转变工作方式和工作作风。政府在产教融合模式的建设和完善中起着不可替代的指导协调作用。对于政府而言，要提高对职业教育发展重要性的认识，将职业教育发展提高到关乎国计民生的高度进行思考；要加强政策支持，对于产教融合中出现的问题及时出面协调；加强财政扶持力度，对资金依法监管。

④学校要时刻关注企业需求的变化，调整专业方向，确定培养培训规模，开发、设计、实施灵活的培养培训方案，并做好企业科技创新、规范化管理、人力资源开发、业务领域拓展和互惠互利等工作，真正把产教融合和培养高素质技能型人才落到实处。

二、改善产教融合机制

（一）提高机制动力

1. 机制动力分析

产教融合机制的动力因素涉及广泛，主要是指能够促成产教融合各种要素叠加、组合和融合的因素。动力因素主要来源于环境因素，根据来源方位将动力因素分为内部环境因素和外部环境因素。其中，内部动力因素主要是指经济效益因素、创新资源因素、主体战略因素、技术积累因素和潜在风险因素等因素。外部因素主要是指政治、经济、社会和科技等因素。高职院校和企业进行合作，主要是为了完成优势互补，这种动力需求是双向的。双方的合作内容主要涉及知识的转移和技术的创新。

对企业而言，企业的"拉力"体现在企业在进行创新的过程中，由于知识和技术创新成本增加、产品推陈出新周期缩短、技术更新速度加快和难度增加，自身知识缺口较大，因此选择与高职院校进行合作，主要是为了转移独自开发的风险系数，加快技术创新和知识转移的速度，获得知识和技术创新的使用权，即获取智力资源，来充实自身的创新力和提高竞争力。这也是企业对市场和技术环境中不确定性因素的一种应对策略。

对高职院校而言，其面临着生源紧张、大规模扩招，以及办学经费不足等问题，因此高职院校也愿意与企业合作，将自身的科研成果转让给企业，获得人、财、物等方面的支持，这样既有利于产学研的结合，也有利于人才培养和实现高质量办学。一般而言，在知识和技术的研发阶段，高职院校作为知识和技术的集中地和创造地，相对于企业而言，处于绝对的知识储备"高段位"优势，从而产生了强大的"知识势能差"，进而推动知识和技术从高职院校转移到企业，这也是产教融合与校企一体化合作的动力源泉。知识转移到企业并经过企业的内部转化，投向市场，接受市场检验，产生反馈后再传递给高职院校。这样进行不断的改进和更新，从而使得知识的转移形成双向流动。

2. 机制动力模型

产教融合是经济活动的一种，然而任何经济活动的开展都不是偶然发生的，也不是本来就存在的，都是参与主体在一定动力的驱使下所自主产生的主观能动行为。因此，企业和高职院校的合作同样离不开相应动力的支持。

从系统论的角度来看产教融合，促成产教融合机制形成的内外部动力因素诸多，这些动力因素并不是孤立存在的，而是通过相互作用的方式形成了一股合力，积极地作用于产教融合机制，即产教融合的动力因素集合中还存在一张各因素之间的隐形关系网，而机制恰好被用来描述这种抽象关系网的概念。任何机制一旦形成，就都是一种客观的存在，同时也是系统内部一种隐形的抽象存在，而且都是在满足一定条件的前提下，合作主体在特定的协作方式和运行规则等系统内部运行方式的支配下，外在表现出来的所有关系的总和。将产教融合机制纳入社会经济系统范畴中,"机制"亦可被理解为合作系统内的各因素所组成的关系网络、形成的结构模式、作用的机理,以及遵循的运行规则的统称。

产教融合机制从无到有、从形成到发展,都是机制内外部的各种动力因素,以及因素之间相互作用的结果。鉴于高职院校和企业合作主体的地位是对等的,涉及的所有动力因素也是对等的,运行的方式也是有规律的,因此可将产教融合的运行动力机制理解为高职院校和企业在各自的利益驱动下,为满足各自的发展需求,提高合作兴趣和合作意愿,各动力因素通过有机的联系方式、符合双方利益诉求的作用形式,通过优势互补和政策推进,在高职院校和企业所共同认可的运行规则的规范下进行的一系列应用研究和合作创新活动的总和。高职院校和企业合作的根本动力来源于二者交叉领域内的总目标和预期利益的一致性,通过高质量人才对科学技术这个中介的灵活运用,巩固合作发展的政策落实、促进制度优化和提高运作效率,最终将各方的利益进行捆绑,加强合作的紧密度。

3.进行科学评价

根据产教融合机制的任务和目标,鉴于合作机制动力因素的不平衡性,提高合作机制整体动力的首要问题就是对合作机制的动力因素进行全面、客观的评价,争取在机制运行的过程中能够做到有的放矢。根据评价结果就可以构建合作机制的动力评价指标体系,对内外部的动力因素进行综合、科学的评价,找到动力因素中,特别是弱动力因素的关键所在,为在合作过程中有针对性地实施增强动力的措施提供理论和科学依据。

4.充分利用激励

提高产教融合机制动力的一个关键是机制内部的激励机制,合理、有效的激励机制是产教融合机制能够保持活力运行的动力源泉。要想充分调动合作主体的合作欲望、创新潜能和合作动力,达到合作的最终目标,就必须在了解合作机制中组织成员的具体需求的前提下,发挥合作机制中激励要素的价值,通过对特定激励方式的综合运用,大力提高合作机制主体之间创新的积极性,最终实现合作机制运行动力的整体提升。

(二)完善管理机制

现行高职院校管理体制客观上使地方院校没有或失去了行业背景,特色专业优势不明显,过于统一的课程标准和延续传统本科教育课程体系的设置也使得人才培养无法真正与市场接轨。高职院校的办学主体仍然存在一些自主权上的需求，高职院校都按照上级主管机构的要求进行相应的课程、专业、实训等的建设，从而导致众多高职院校的差异化不明显，重复投资和建设现象明显，也导致产生了一些急功近利的办学思想，教学的稳定性和专业发展的持续性难以得到保障，很多高职院校缺乏创新的实力和核心竞争力，在学院的发展定位上无法统一思想。因此，对于推动产教融合育人工作的高职院校来讲，只有明确自身在产教融合人才培养中的位置和承担的责任，才能主动设计、积极推动形成学院自身特色的具有相对独立办学自主权和市场化因素的育人管理机制。

高职院校为谋求自身发展，抓好教育质量，采取与企业合作的方式，有针对性地为企业和社会培养专门人才，注重人才的实用性与实效性。毫无疑问，高职院校是产教融合的育人工作管理的主体。虽然出于生产计划、学生安全等方面的考虑，企业缺乏与高职院校合作的热情，难以建立长期深入的产教融合关系，深度产教融合远远不够，学生实习多成为流水线的操作工人。但是近几年，高职院校的市场化办学意识逐步增强，高职院校也都认识到产教融合对于学生培养质量的重要性，因此充分发挥市场机制的作用，引导、支持社会力量来兴办职业教育，行业企业是职业教育最大的受益者，也应该是办学主体之一。高职院校要不断研究人才培养规律与生产技术发展规律，将两者有机结合，做到职前教育与职后培养相统筹，培养专业知识结构合理、技术素质过硬、理论基础扎实、职业发展明确、具有企业文化认同感的学生。

产教融合是一种注重培养质量，注重在校学习与企业实践，注重高职院校与企业资源、信息共享的"双赢"模式。高职院校在关注企业需求变化的同时，还要积极整合政府、行业、企业与高职院校的资源。只有在确定培养培训规模，开发、设计、实施灵活的培养培训方案上起积极的先导作用，才能真正把产教融合、培养高素质技能型人才的文章做好。这就要求作为推动产教深度融合的院校在专业和课程设置、师资队伍和社会服务等方面具备相应的能力。

在专业和课程设置上，目前还存在着与传统的"学术型"课程体系区分度不明显，灵活性不足，与市场需求脱节的情况。发达国家职业院校的专业和课程设置往往能根据市场需求灵活调节，并十分重视行业、企业的参与。国内职业院校首先要以地方经济需求为导向，根据地方区域经济发展的支柱产业、新兴产业的技术领域需求调整专业设置，并积极邀请行业、企业参与高职院校专业和课程设置，提高专业课程设置与产业结构的匹配程度，强化专业设置的适应性，立足覆盖完整产业链，保障人才持续、有效的供给。同时还要加快教学内容和配套资源更新，减少与企业生产技术相脱节的情形，融合企业对新技术新工艺的要求。

现有职业教育领域师资队伍的实践能力总体偏弱，专业教师参与企业生产科研活动的力度不大。高职院校引进全职"双师型"教师较为困难，因此更多的高职院校会鼓励聘请企业管理人员、工程技术人员和能工巧匠担任专兼职教师。这就要求职业院校一方面要在教师聘任、评价和薪酬制度上构建有利于引进"双师型"教师，能够吸引行业精英进入高职院校、高职院校教师提高应用能力的渠道和机制。另一方面，支持高职院校教师参与企业生产科研活动，培养校内"双师型"队伍更是重点，"双师"强调的是教师是否适合应用型人才培养，是否具备服务社会的能力。许多高职院校的经验说明，高职院校与企业共建合作研究平台，共同完成研究项目，并尽量吸引学生参与，既是产学研合作的最好形式，也是培养"双师型"教师的最好途径。

学院还要不断提升教师技术服务能力，积极回应企业需求，开展实用型科研，学生也可以参与其中，从而增加企业的参与热情。另外，行业、企业要素渗透专业教学全过程，使得产学研结合更紧密、更有实效，政府不断完善企业安全责任规定，解决企业的后顾之忧。

（三）完善评价机制

1. 完善课程评价

一方面，要扩大高职院校的专业设置自主权；另一方面，要发挥行业在专业设置中的话语权。现在的学生就业评价一般相对滞后于社会经济发展，而行业协会在行业发展中具有一定的前瞻性，可以避免专业设置与社会需求存在较大差距，以及学生所学专业高度集中等现实情况。

2. 完善教师评价

现有师资队伍的实践能力不足，鼓励专业教师参与企业生产科研活动的力度不够，教师面临的课程体系建设与教学内容改革难度大、任务艰巨。同时具备高学历和丰富实践经验的优秀人才十分缺乏，这类人才的流动性较大，对于专业的发展影响也很大，现行教师评价与晋升制度应将这些因素考虑在内。

（四）完善保障机制

我国的高职院校在实现产教融合的过程中，严重缺乏政府的政策支持和科学、完善的指导体系，导致实现产教融合的效率低下。针对这种状况，首先要建立健全相应的保障机制，为高职教育实现产教融合提供制度依据，坚持依法治理，只有这样才能确保高职院校产教融合体制的建立健全和有效实施。其次，建立相关的制度可以确保高职教育在经济社会发展过程中的重要地位,通过加大投入力度来确保高职教育人才培养的有效进行,同时通过法规的制定来带动高职教育产教融合体制的实施。最后,建立现代高职院校制度,以此来引导高职院校走上职业化的管理之路,引导高职教育走进企业实践,在教学实践中全面推动校企融合。

三、高职教育深化合作建设

(一)引进企业的原则

①企业要有可持续发展的前景,包括战略性新兴产业(节能环保、新一代信息技术、生物技术、高端装备制造、新能源、新材料和新能源汽车)、支柱产业、新兴产业、地方传统产业、潜力产业、高端智能产业、精密机器制造业和现代服务业。凡是国家规定限制发展的行业,要慎重引进与合作。传统产业要看其发展趋势,具有改革趋势的企业可在选择之内。

②要尽量与信誉度高、社会上有美誉的企业合作。

③要选取与本专业的专业吻合度高的企业进行合作,这对专业教育有直接的帮助。

④选取对职业教育热心的企业进行合作。

⑤企业需具有一定的规模,如果规模过小,其实力将会受到影响。

⑥要看企业与学校合作办学是否能真正对学生学习有所帮助。

(二)高职教育应坚持的原则

1. 坚持岗位轮换

顶岗实习的岗位若技术含量不是很高,则必须坚持实习学生的工作岗位轮换。即使岗位技术含量很高,不一定很快能掌握,也要尽可能地实现学生的岗位轮换。若暂时无法做到岗位轮换,要安排学生扩展实习,以作补充。

2. 坚持稳定第一

如果工学交替的实习与顶岗实习准备工作没有做好,强制推行定会引发学生情绪的不稳定或产生抗拒心理,此时必须坚持稳定第一,尽可能事先将工作安排妥当或进行必要的完善,或充分与学生沟通。

3. 保障学生权益

若企业在合作过程中损害了学生的利益,则必须坚持保障学生的权益。如果学校提出改进建议而企业仍不接受，学校则应放弃合作。

4. 坚持教书育人

合作过程中，高职必须坚持的主要任务是教书育人，而不要主、副不分，花大量精力去从事主要任务之外的事。

5. 要有预见性

教育产品的长周期性决定了教育应有预见性。要坚持学校在这方面的预见性，要将市场的短周期性和教育及人才培养的长远性有效地结合起来，不能一时冲动做出短视的决策。

6. 坚持人文素质教育

在产教融合中，往往比较注重技艺的培养而忽视了对学生人文素质的培养。特别是一些"2+1"（2学年在学校，1学年在企业）模式或厂中校的产教融合，通常会对这一领域的培养重视不足。高职院校不要将学历教育办成培训性质的合作。高职教育不全是就业教育，除学生要有就业的能力外，还要有个人素质的培养，既要清晰地强调职业属性，也要突显高等教育的属性，换句话说，既要让学生赢得企业的认同，也要让学生赢得社会的尊重。

（三）高职教育在合作中的超前度

1. 紧跟企业

在职业教育发展的初级阶段，学校紧跟在企业后面，此时企业引领职业院校，主要体现为学校向企业学习。多数学校目前处于这个阶段。

2. 与企业同步

在职业教育发展的中级阶段，学校不但要紧跟企业，还要争取与企业同步，主要体现为学校与企业相互学习。少数学校在这个范围内。

3. 引领企业

在职业教育发展的高级阶段，学校不但要与企业同步，还要走在企业的前面。职业院校应能引领企业，主要体现为企业向学校学习，学校的专业设置、技术、装备与师资均走在企业前面。此外，这类学校还掌握了相关标准的制定权。目前只有极少数学校或某些学校中的极少数专业能做到这一点。

四、加大人才培养力度

(一) 加强素质培养

1. 诚信教育

学生的不诚信往往是利益驱动、友情驱动和惰性驱动所造成的。因此要有针对性地向学生进行企业价值观的教育，教育其讲真话，做实事。弄清学生不诚信的原因，进行分析与探讨，排除社会的负面影响，列出其危害因素，并以案例进行教育。这类教育不可能立竿见影，只能是长期潜移默化地影响学生。

教育应与企业的要求直接挂钩，对企业的忠诚度要高，企业的秘密要保守，企业核心技术不外传，做调动时要不损害原企业利益，有诺必定要履行，同事的隐私不外传，不编造理由掩饰自身的过失，遵守与企业签订的协议，代表企业与外单位合作时要遵守合同，以诚待人。

2. 耐劳教育

由于独生子女增多，以及社会影响的延续，学生普遍缺乏吃苦锻炼的精神。吃苦耐劳的教育要循序渐进，从入学军训起，后续不间断。大多数学校在军训之后就间断了这方面训练，不能持续下去。因此，在人才培养方案中，要列入吃苦耐劳的锻炼项目，如体育课程、志愿者活动、专业实践、假期社会实践、社会公益活动、植树活动、企业活动和义务劳动等，要有计划地安排，还要鼓励学生利用业余时间参加勤工俭学活动与社会兼职活动。

3. 助人教育

由于家庭教育的缺失，社会不良风气的影响，学生中自私、只顾自己、不乐于助人等行为表现确实较为突出。如果学生自私、不乐于助人，进入企业就会面临着不被接受或难于发展的尴尬境地，必须设计多种环节使学生乐于助人，如见义勇为、对学校附近农民子弟进行了辅导、参加社会志愿者活动、在家庭中帮助父母与兄弟姐妹、对自然灾害受灾地区的捐助活动、参加同学患病的捐助活动、参加新生入学志愿者活动、进行同学中的互助学习、帮助残疾人活动、生活中与舍友的互助，发展到在企业中参与员工互助及在社会中帮助有需要的人。

4. 合作教育

合作教育需要设计的环节有：课堂教学中要有合作完成的作业，课程设计要有合作完成的项目，课外活动中要有合作完成的活动，科研与技术服务要成

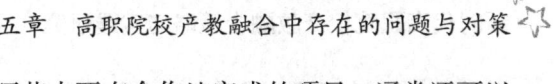

立合作团队，共同完成任务，实践环节中要有合作地完成的项目。通常还可以开展班级之间的合作，专业之间的合作，院系之间的合作，学校之间的合作，甚至学校与企业之间的合作。在企业中，要参与班组内的合作，班组之间的合作，车间之间的合作等活动。

5. 纪律教育

从企业的角度出发，要强调步调一致，令行禁止。要在军训的基础上继续展开纪律教育。可以说，军训是无条件、强制性的纪律教育，而平时的纪律教育有所不同，它是仿真性的、过渡性的、接近企业实际情景的教育。在整个纪律教育过程中，应出现强制与仿真交替的方法，违纪多采用精神处罚或模拟物质处罚的办法，让学生知道在企业违纪，不仅会受到精神处罚，还会有物质与金钱处罚。通过对其进行不断教育，不断影响，直到使其养成良好习惯。如果企业能肯定学生的纪律表现，则说明纪律教育就是成功的。

6. 挫折教育

接受挫折教育是为了使学生在企业工作时能经受各种挫折，对所遇到的困难不回避，即使是多次受挫，仍对前途充满信心的教育。作为教师，要引导学生有愈挫愈勇的斗志，要有精益求精的工作作风，还要善于总结归纳，对学生每个时段的表现给予评价与肯定，批评与鼓励交替、帮助与独立轮换。

7. 适应教育

企业是多样性的，而学校基本上是同质性的，几乎千篇一律。因此，学生从基本趋于一致的学校到企业，将会遇到难以适应的情况。要将企业可能出现的某些负面情况有节制并讲究方式地告知学生，使学生提早有思想准备，适应各种可能发生的事件。一般情况下，下列情况要提早告知学生：企业的劳动强度、企业福利待遇、企业工作环境与生活环境等。

（二）加强入学教育

学生入学教育是一项非常重要的环节。对于高考分数低的学生，他们应该接受教育，克服自卑心理，努力工作，走出高考失败的阴霾。对于高考分数高的学生来说，要教育学生不要傲慢。无论高考分数是高还是低，企业的老师都应该首先向学生提供心理咨询。最重要的一点是，企业应该让学生了解就业方式，从教育背景导向到能力导向，再从综合素质导向发展。

为企业优秀校友中的学生设定一个基准。在这方面，学生会有很强的认同感。在同样的教育背景和同样的培训环境下，学生更有可能会与校友产生共鸣。

邀请企业中学历低的成功人士与学生讨论，让学生觉得学历不是成功的唯一因素，关键是综合素质的培训。

让学生参观企业，不仅让学生了解企业，了解企业发展的光明前景，还让学生了解企业和学校的区别，并从入学之初就教育学生逐步了解企业和适应企业。在进行产教融合的过程中，学生应该要了解其企业文化，因为对于学生的教育不应该仅限于入学教育。

（三）加强实习动员

1. 针对认识实习的动员

①向学生说明到企业实习的性质与意义。

②简要介绍企业的情况。

③认识实习提纲，布置任务。

④结合专业向学生讲述企业与专业的联系。

⑤安全教育。

2. 针对生产实习的动员

①向学生讲述生产实习的意义。

②讲述工学交替的模式与培养目标的关系。

③发出专业实习指导书，布置任务。

④讲述企业与学校的异同点，要求学生通过实习学习企业的规章制度。

⑤向学生说明实习的管理方式。

⑥学习安排。

⑦安全教育。

3. 针对顶岗实习的动员

①结合就业教育，向学生讲述顶岗实习的意义，尽可能争取到企业方有关人员参加动员教育。若企业方人员不能到学校，则可在学生到企业后再次组织企业人员对学生进行教育。

②结合就业讲述实习企业的情况。

③介绍顶岗实习的具体要求。

④发出顶岗实习指导书，布置任务。

⑤向学生讲述顶岗实习的管理方式，要求学生按管理要求向学校汇报相关实习作业。指导学生如何撰写实习报告。布置定期汇报事项。

⑥强调企业与学校的异同点，要求学生逐渐适应企业工作方式与管理。

⑦公布学校指导老师与企业指导教师安排。

⑧生活安排。

⑨安全教育。要将在企业可能发生的安全事故告知学生，提醒学生做足安全防范工作。

4. 个性化动员

①针对个别学生对下企业存在的顾虑，要细致地对学生做思想工作，耐心说明进入企业实习的必要性，务必使学生能正确对待。

②针对一些学生进入企业实习的不正确传言，正面教育学生。尤其是当有学生为逃避实习，制造不去企业的借口时，老师更要耐心教育，不要让一个学生掉队。

③采用私下谈心的方法有时更见效，通过谈心摸清学生的思想状态，有针对性地做思想工作，打消学生的担心与一些不正确的想法。

④顶岗实习的面上动员之后，有必要做个性化动员。因为顶岗实习一般情况下不可能是一个整班到企业，而是分散到企业的，每个企业的情况不一样，更有必要针对不同的企业做不同的安排。

（四）建立实训基地

通过投资主体多元化、运行机制市场化和基地功能多样化，根据生产流程和职业岗位要求，建设"学做合一、生产与实训合一、教学与技术服务合一"的校内生产性实训基地和紧密型的校外实习基地。

学校遴选一批优秀企业，双方进行双向选择，根据"优势互补、产权明晰、利益共享、互惠互利"的原则，共建共享实训基地。在实训基地建设过程中，引入企业具有生产功能的仪器设备；在实训基地运行过程中，探索教师和技术人员融通、教学实训和生产过程结合、设备与利益共享的运行机制，实现运行机制市场化，使实训基地产生"自我造血"功能，使实习设备发挥出最大的功能；在实训基地的功能上，集生产、实训、技术开发与服务、技能培训与鉴定等于一体。通过基地合建，推进产教融合人才培养模式的改革，推进以工作过程为导向的课程体系的改革，推进"双师"结构教学团队的建设。

拓宽校外实习基地的建设渠道，开发校外实习基地的多专业实训功能，建立多种类型实习基地，实现校内外基地的紧密衔接。校外实习基地的建设应能满足实践教学的基本需要，并尽可能为学生提供先进的实训条件、环境和理念，在需要的时候也可以考虑使本地区与外地区相结合。

（五）实习环境过渡

学校是向企业过渡的场所，要做到既像企业又不是企业，要有过渡的环境。过渡环境分为硬环境与软环境。

硬环境诸如将校内实训场所部分设计成与企业一致的形式，校内实践场所的工作环境包括设备布置、地面区间划线、班组宣传、工作调度、考勤装置、禁令要求、安全保护和警告标牌等，这些都要向企业看齐，还要有企业的标语与口号。

软环境诸如要消化企业的管理制度，并部分转化为实验实训室的制度乃至学校的管理制度，上班要穿工装，考勤要打卡，迟到早退，要扣虚拟工资或虚拟奖金。总之，要将企业现有的一些制度移植到学校，让学生适应不仅像学校也像企业的制度，再过渡到适应企业的制度。而与企业环境不同的是，学校还有大量的适应教学需要的教学环境。

（六）完善考核制度

1. 情景考核

学生的素质有不少是隐性的，很难用一般考试的办法进行考核。若采用试卷考核，则会使学生在答题时掩饰真实行动，而给出与表现不一致的虚假答案。要使学生真情流露，则需要进行情景考核，即设计某种情景，让学生置身其中，看他有何反应与采取的行动，这是比较可信的一种考核方式。这种考核要设计得天衣无缝，不要被学生察觉，要在很多不经意的细节中经常采用。教师可以在日常的学习与生活中仔细观察，积累其表现，并进行归纳。

2. 学校考核

高职院校应改革现有的考核方式，加入综合素质的考核，如思想道德素质、科学文化素质、身体心理素质和发展性素质。要将考核指标全部具体化。

3. 企业考核

按企业目前对员工的考核方法，再结合学校目前对学生的考核方法进行考核应是一个比较合适的考核方法。也可按企业的需要直接由企业按企业的标准考核学生。

4. 社会考核

学生要参与很多社会活动，要注意留下其所得评价，如普通志愿者的社会评价，顾客的评价，辅导周边农民、居民子弟时家长的评价，帮助敬老院时老人的评价，帮助残疾人时其帮助对象的评价，捐助受灾地区时灾区的评价，帮助患病者时病人的评价，扶贫对象的评价，参与社区活动时社区的评价，社会实践评价，参与运动会、展览会志愿者时举办方的评价等。

五、遵循市场原则

（一）互惠互利原则

互惠互利原则是产教融合成功的基础，产教融合的参与方都希望从中获得各自发展所需的资源和利益。除了利用企业和产业部门的优势为高职教育服务外，学校还应突出自己的优势，让双方实实在在地感受到双赢的效果。如果只是单方面地强调合作方对自己的支持，而自身又没有多少合作优势有利于对方，那么产教融合就会演变成为一句空话。任何单方面的付出都是不能持久的，坚持互惠互利原则，产教融合之路才会充满阳光。

（二）市场导向原则

在市场经济环境下，产教融合应一改以往政府计划性行政指令的模式，采取以市场调节为主的双方自愿组合模式。市场因素是产教融合产生和运转的重要外部因素，产教融合的形式、深度和广度，无不受市场配置资源的制约，无论是高职院校还是企业，都需要面对市场决定合作的具体项目与方向。

六、提高教师专业素质

作为校内的教师，要安排其到企业实践锻炼一定的时间。新教师要尽早安排到企业锻炼。此时由于新入行，负担不大，容易接受并学习较快。去前要做好相应的思想工作，并制定目标，适时检查。已有企业工作经验的教师可相对松动，未有企业工作经验的教师则要抓紧安排其到企业锻炼，安排其参与产教融合项目，使其主动与被动地投身到产教融合项目中。

学院在选派教师之前，要根据教师不同的专业特点与企业协议为他们制定不同的研究方向和重点。经过两批到三批选派教师进入企业锻炼后，在满足工程技术人才培养教学要求外，就可以形成一支甚至几支稳定的科研队伍，为今后开展教育教学打下基础。

培训期结束后，企业基于教师的表现做出挂职锻炼鉴定，同时学校对教师进行量化考核。教师在挂职锻炼期间工作情况汇报与答辩情况主要包括实践锻炼经验的体会与技术理念、基本技术的应用与能力水平、工作态度与团队合作精神、答辩情况及发展潜力等方面，结合企业与学校双方考核内容，为教师做出最终的评定。

七、调动企业的积极性

（一）重视企业利益

突出企业在产教融合中的经济利益。经济利益是产教融合项目永远的动力，校方应注意企业方的经济利益，高职院校应主动承担合理的实习经费，在合作成果上明确企业的利益分成，从而激发企业参与产教融合的主动性和积极性。

高职院校要积极调整专业设置、提高教师技术能力、加强同企业的沟通，尽量为企业提供其所需要的实习生，提高企业的积极性，形成良性循环，此外还要提高院校的技术研发和转移应用能力，帮助企业解决转型升级的技术问题。

（二）激励全方位合作

激励企业在产教融合项目上的全方位合作。在产教融合中，校方应激励企业全程参与，从专业设置到课程体系建设、从教学内容到教学实施，都应主动听取企业的意见和建议，对学生的培养，从入学教育到在校学习直到最终毕业应聘也应让企业参与全程指导。同时，还应注重合作方式的多样性，如企业资助学校实验实习设施、选派优秀技术人员到学校兼课、让学生直接到大型企业顶岗实习或到企业培训中心进行企业培训等。

八、政府营造良好的外部环境

政府在职业教育发展中扮演着十分重要的角色，其通过制定政策、制度和法律规定来监督、引导和保障职业教育的发展。这些法律和政策必须对政府、企业、高职院校之间在职业教育实践活动中的权利和义务进行详细而明确的规定，明确企业合作育人的主体责任，出台优惠政策，激励企业承担育人责任。目前，很多企业未能将产教融合当成是一种培养人才的责任，对于学生的长期实习或交替实习，企业会顾虑自己的生产规律和节奏，缺乏出于生产计划、学生安全等方面的考虑，缺乏与高职院校合作的热情。高职院校培养的学生在校期间由于很难快速掌握最新的技术革新需求，学生多成了流水线的操作工人，所以学生实习只会给企业生产带来麻烦，甚至会影响其生产效率。

政府一方面要给予企业承担育人责任的法律地位和良好的合作环境，另一方面要不断完善相应的政府法律法规和高职院校的人才培养体系和专业市场竞争力。通过搭建产教融合人才培养平台和工学结合的人才培养通道，形成政、校、企之间的信息沟通渠道，用完善的法律法规来规范和约束校企双方的行为，并根据经济发展和社会变迁的需要不断进行调整与修订，使得校企双方在合作中能够有法可依、有章可循，有效地避免校企双方因为权利不清、职责不明而引起的冲突。

政府同样应转变角色，通过营造良好的产教融合软硬件环境，为产教融合的深度融合提供保障，完善政策法律法规，制定法律法规或相关政策，引导或要求企业进入高职院校，强化企业与高职院校合作育人的意识和社会责任。同时促进校企双赢，减少产教融合的风险，转变地方教育行政部门职能，使其更多地服务于高职院校和企业，成为高职院校与行业企业之间合作的桥梁纽带，兑现对产教融合的优惠政策等。

第六章 新时代高职院校产教融合的长效运行机制建设

伴随着高职教育的不断深入发展，校企合作、产教融合一体化的教育模式也在逐步发展。只是目前中国的高职教育建设并不完善，还有待加强。本章以新时代高职院校产教融合的长效机制的建设为题目，重点论述了"双师"交流机制、校企实践基地共建机制、校企双向服务机制、产教融合就业机制和产教融合激励机制这五方面的内容，为高职教育发展提供了借鉴意义。

第一节 "双师"交流机制

一、制度建设

校企共同修订完善了《关于"双师"双向交流的实施意见》等文件，不断完善"责任明确、管理规范、成果共享"的"双师"双向交流机制。聘请企业工程技术人员承担实践教学任务，与学校教师共同开发实践教学课程内容，负责学生技能训练指导；专任教师到合作企业顶岗实践，提高教师实践能力；教师参与企业的技术革新、设备改造与新产品的研发，承担企业员工继续教育的培训工作。通过校企合作实现专任教师与企业技术人员的对接，解决"双师素质"教师队伍的建设问题，构建校企教学研究团队和技术创新团队，深入钻研技术、研发新产品新工艺、开发实践教学体系，共同开发和实施工学结合课程、共同开展技术研发，提高教育教学水平和企业生产效率。

高职院校出台的相关文件，着力构建双向交流的动力机制。文件需进一步明确对进企业锻炼教师及来学校兼职的企业员工在政策方面的支持及相关奖励激励措施，并明确在考核评优、职称评审、绩效考核、培训进修等方面向"双师型"教师倾斜。此外，校企共同制定相关文件，不断完善"互利共赢、共建共管"的实践教学基地共建机制，不断完善"责任明确、管理规范、成果共享"的"双师"双向交流机制。

二、主要内容

（一）教学交流

1. 教学实训基地

为促进校企深度合作，各相关企业需协助校方建设实训室，提供实训解决方案，并给予一定的支持。实训基地的建设要有效解决校方新专业建设过程中所涉及的课程设计、人才培养方案、培养目标的制定及配套实训设备投入等问题，加快专业建设步伐，抢占发展先机。

2. 实习实训指导

实习实训指导。各院部与相关企业签订合作协议，结合相关企业的实际情况制定顶岗实习、工学结合计划（包括学生人数、专业、实习时间、实习内容、负责人等），经双方确认后执行。实习期间，校方需派出实习带队老师负责具体实习实务，保证学生遵守有关法规和相关企业的管理制度。企业派一线能工巧匠指导学生实习，提高学生的实际动手能力，积累实际经验。

校企共建课程、共同开发教材。学校聘请企业"能工巧匠"和"技术能手"实施弹性教学安排，灵活安排教学时间，与学校教师共同开发实践教学课程内容，负责学生技能训练指导，承担实践教学任务，确保优秀兼职教师到校上课；专任教师到合作企业顶岗实践，提高教师实践能力；教师参与企业的技术革新、设备改造与新产品的研发，承担企业员工继续教育的培训工作。

（二）师资交流

1. 学校教师深入企业

学校选派教师到合作企业学习锻炼，通过学习获取企业先进的新知识、新技术、新工艺和新方法，多方面、多途径地培训专任教师，充实专任教师的"双师"素养。各院部根据教学任务的安排情况，每年选派一定的教师下企业锻炼学习。学校专门出台了《教师进企业（或部门、单位）挂职锻炼管理程序》，明确相关管理要求。优先安排没有实践工作经历的教师要作为驻点带队教师到企业或相关单位管理学生的实习。所有教师要优先考虑借助于带队实习的机会，加强与企业的联系，深入企业历练实践能力。具有企业工作经历的教师或具有高级职称的教师要同时在企业开展技术开发等项目合作。

各院部及学校教务处、人事处、科研处和督导处等职能部门要不定期地到企业走访，了解教师在企业的工作、学习情况，包括到岗情况、工作内容、工作纪律和工作成效等，探讨交流、解决问题。教师进企业实践结束，要撰写总结并填写《职业技术学院教师进企业实践考核表》，提交进企业实践效果的证明材料，如完成课题的报告或论文，搜集的有利于教学教研的案例材料；与企业合作共同开发的培训资料；为企业培训员工、提供咨询、解决实际问题等方面的企业证明和案例材料；与企业签订的课题合作协议；企业捐赠学校的设备和资金证明材料等。

各院部、教务处、人事处等有关部门对教师进企业实践的情况进行综合考核，评定考核结果。有下列情况者视为考核不合格：实践时间内，学校检查或抽查到教师缺岗，且经核实事先没有向所在院部办理请假手续的；教师在实践时间内，不遵守实践单位规章制度，造成投诉并影响恶劣或导致学校形象受损的。

教师进企业实践回校后，要在院部范围举行进企业实践成果汇报会，汇报自己的实践情况、收获与体会。教师进企业实践期间的待遇按照高职院校有关规定执行；对考核不合格的教师，扣减或不计绩效津贴；对进企业成绩显著的教师，学校按其贡献给予适当奖励。经批准在寒暑假期间进企业实践的，按加班标准每天计算补助。对于考核不合格的，则应减少直至取消补助。

2. 企业专家进学校

企事业单位的专家、技术骨干和能工巧匠进学校。学校聘请企事业单位的专家、技术骨干和能工巧匠到学校担任兼职教师，传授实践技能和知识技术的应用，承担部分专业实训课及相关课程的教学任务。积极推介优秀教师为企业职工进行培训，也可推介学校高层（院、部领导）担任企业顾问，定期进行系列讲座，并创造专任教师和兼职教师交流的机会，如在筹建专业实验、实训室，组织教研活动等方面，积极邀请兼职教师参与，认真听取他们的意见和建议。让兼职教师指导校内教师的实践教学活动，安排专任教师和兼职教师结成对子，互通有无、取长补短等。

外聘兼职教师的任职条件。具有良好的师德，较强的敬业精神。具有一定的教育教学经验，熟悉高等职业教育的教学方法。具有中级以上专业技术职称或本科以上学历，专业知识水平较高，能胜任所讲授的课程或毕业设计论文的指导工作。某些专业课程经批准可适当放宽任职条件，但需持有相关专业职业资格证书，或技能岗位等级为高级工以上，或具有相关专业3年以上的工作经历，身体健康，精力充沛，能完成教学任务。

外聘兼职教师的管理。外聘兼职教师管理由学院（部）、教务处、督导处和组织人事处负责。各院（部）按统一的要求建立起本学院（部）外聘兼职教师档案。组织人事处汇总并建立全校外聘兼职教师档案库。各院（部）具体负责兼职教师的日常管理工作。每学期召开一次外聘兼职教师工作会议，了解外聘兼职教师的教学情况，通报学校教学信息，总结教学工作。教务处负责审核和检查兼职教师的教学工作量。兼职教师的教学质量由督导处和院（部）共同监控。督导处、各院（部）根据教学计划的要求，应不定期抽查和了解外聘兼职教师的授课情况和课程辅导、作业批改等情况，检查教学质量。对学生意见强烈、教学效果差或严重违纪的外聘兼职教师，由督导处、各院（部）研究后及时予以辞退，并由各院（部）做好后续工作。

外聘兼职教师的职责。教学工作量包括上课、辅导、批改作业、出试卷、批改试卷、评定成绩和试卷材料归档等。按学校的教学计划、课程标准等教学文件进行讲义组织和教案制定，按行动导向、学生主体的要求实施教学，必须备有所教课程的教案，以保证教学质量。学期第一周填写"授课进度计划"并经各院（部）审核后交教务处存档备查。严格按照课程表讲课，未经聘任学院和教务处批准，不准擅自调课、停课或者更换教师。因事因病请假，复课后必须及时补课。认真进行课程辅导，作业批改。参加所授课程试卷的出题、监考和评卷等工作。在每学期课程考试结束后，按学校要求及时录入和送交学生成绩，并按照学校对试卷相关材料的要求，提供相应的材料。参加各院（部）组织的集体教研活动，每学期参加教研活动不少于4次，并对学校的各项工作提出合理化建议，共同搞好教学活动。

（三）技术交流

双方合作进行各种类型、各个层次的科技项目研究开发，可以通过相关媒体刊登相应的科研成果。校企联合参与行业活动，双方利用各自优势资源，在符合当地区域经济特色的各种行业项目中深层次合作，发挥学校与企业双方各自的优势，构建"双师"双向交流、校企双向服务的机制，借助双方的师资、技术、场地和设备的优势，以项目合作形式开展核心课程建设、新产品的研制、高技能与新技术培训、继续教育等方面的合作。同时，争取政府支持，共同研究，共同开发，共同实施，促进地方经济发展。校企双方利用各种学术会议、行业会议和有关推广资源，推荐介绍对方，以提高双方的知名度和影响力。

（四）文化交流

学校与企业合作举办多样化的活动（校企合作交流会、企业文化活动、企业调研活动、创业大赛、创业成果展示等），为在校大学生推介校企合作项目。这些活动可邀请政府部门、媒体、企业家和专家教授等前来参加。

三、组织实施

各院部校企合作办公室负责"双师"双向交流的组织实施。为提高工作效率,各院部与相关企业要成立双向交流联络工作小组,工作小组由双方各委派一到两名工作人员组成。联络小组负责日常联络工作,提出阶段性合作计划,协调解决交流中的有关具体问题。

原则上每个专业,每学期与相关企业和兼职教师所做的交流要达三次以上。每次交流要做好记录,各院部负责检查本院部"双师"双向交流情况,组织人事处负责检查各院部"双师"双向交流情况。

各院部定期走访企业人事部门负责人,了解企业发展情况、人力资源情况和在岗员工技术、技能提升的需求,及时为企业发展提供人才培训服务,落实双师双向交流计划,分析、交流工作的开展情况。

第二节 校企实践基地共建机制

一、校内实践教学基地

校企深度融合,共建"校中厂"。引进企业进驻学校,企业按生产要求提供建设生产车间的标准、加工产品的原材料和产品的销售,学校提供符合企业生产要求的环境、场地和设备,建立生产型实训基地、教学工厂。企业选派人员管理工厂生产经营,指导师生的生产、实践和实习实训,帮助学校完善实训课程体系;学校按照生产要求,将实训课程纳入整个教学体系当中,安排学生到"校中厂"顶岗实习,派教师到"校中厂"实践。企业依据自身的生产设备和技术人员情况,提出人才需求规格要求,由校企双方共同开发实践教学课程,将企业文化、生产工艺、生产操作等引入教学课程内容。高职院校应该积极地与当地的企业取得联系,共建实习基地。

(一)实训基地建立的原则

实训基地的建立原则为共建、共管、共享和共赢原则。通过优势互补,深入、持续、健康地合作;服务教学原则,"校中厂"实训基地应积极开展实践教学、科学研究和中间试验,逐步成为技术密集、效益较高的实训基地;统一管理原则,校企双方的利益与责任必须高度统一,要统一领导、统一管理、统一规划和统一考评;校企互动原则,实训基地为学校师生提供现场教学和生存实践的平台,学校为企业一线技术人员提供更系统、更安全的理论知识,学校聘请企业一线技术人员作为学校兼职教师，通过校企互动，学校师生提高实践技能，企业技术人员增长理论知识，实现理论与实践互补。

（二）实训基地的资产管理

"校中厂"资产采购程序参照《校内实践教学条件建设与运行管理程序》执行，该资产列入学校固定资产，作为校产的一部分来管理。"厂中校"资产采购，由企业负责或双方另行协商处理，该资产不列入学校固定资产管理，由企业单列"校企合作资产"来管理。"校中厂"资产主要按照以下条款进行管理。

①"校中厂"固定资产日常维护由使用单位负责，大修和改造项目由使用单位提出，相关上级部门批准，由资产管理部门组织实施。"厂中校"固定资产的维护由企业负责，设备改造项目则由双方另行协商处理。

②校企合作项目资产校内迁移，需到学校资产管理部门登记，同时相应变更资产管理台账，做到账、卡、物相符。校企合作项目资产原则上不允许校外迁移，如确实需要，则应按照设备变更要求，办理相关设备迁出手续，如长期迁出，则应及时注销。

③"校中厂"资产报废参照校产报废的相关规定和程序执行，报送合作企业备案。"厂中校"资产报废参照企业资产报废程序执行，报送学校备案。

（三）实训基地的绩效考核

为了推动"校中厂"实训基地健康发展，保证"校中厂"实训基地运行质量，学校每年按照《合作协议书》和"校中厂"实训基地考核标准对"校中厂"实训基地进行考核。考核结果作为"校中厂"实训基地是否继续运营的依据，也作为是否与原协议人续签的依据（原则上考核结果不低于70分）。"校中厂"实训基地考核标准如下。

①人才培养（分值20）。按合作协议提供足够的学生实习实训岗位；产教深度融合，落实"两对接"（课程内容与职业标准、教学过程与生产过程）。

②双师双向（分值20）。专任教师与企业技术人员对接与互通，打造双师结构教学团队。

③教科研（分值20）。构建校企教学研究团队和技术创新团队，共同开发和实施工学结合课程，共同开展技术研发。

④缴纳费用（分值10）。根据合作协议向学校按时缴纳有关费用。

⑤合法经营（分值10）。生产经营符合相关法律和学校规章制度。

⑥安全生产（分值10）。符合安全生产要求，杜绝生产安全隐患。

⑦现场管理（分值10）。

二、校外实践教学基地

学校与理事会内外企业共建了多个校外实习（就业）基地，为学生顶岗实习和优质就业奠定了基础。

校企深度融合，共建"厂中校"。由企业提供实训场地、管理人员和实训条件，按照符合企业生产的要求建设生产性实训基地，将校内实训室建在企业，使单纯的实训室转变成生产车间。"厂中校"以企业为管理主体，将其纳入企业的生产、经营和管理计划当中，由企业和学校共同设计学生的实训课程，学生集中到生产性实训基地顶岗实习、实训和生产。教师和企业师傅共同承担教学任务，实现学生的专业职业能力与企业岗位职业能力相对接、实习实训环境与企业生产环境相一致。

第三节 校企双向服务机制

一、校企双向服务工作机制

推进校企双向服务项目向深度和广度发展；负责指导各二级学院校企服务合作开发项目的立项申报与建设工作；对跨专业、跨院部、跨领域的校企合作服务项目加强协调和管理；负责校企合作横向科研项目的推进，促进科技创新平台建设，校企共同开展科技研发，引导专业教师积极为企业提供技术服务，提高学校社会服务能力。

学工处、教务处、组织人事处、财务处、资产后勤处和继续教育学院等部门在各自职责范围内负责校企合作双向服务的有关工作，形成齐抓共管的良好局面。具体包括：学工处主要负责学生顶岗期间的思想政治教育和安全管理工作，为学生就业创业搭建良好的平台。教务处主要负责校企实践基地共建的管理、学生顶岗实习教学管理、专业建设指导委员会的建立与管理、校企合作课程开发等工作。组织人事处负责"双师素质"教师与"双师结构"教学团队建设等工作。聘请行业企业专家和专业技术人员、高技能人才担任兼职教师，承担实习实训技能等教学任务，为教师举办培训班和讲座，有计划地安排专业教师到合作单位实践锻炼。财务处主要负责核算校企合作服务项目运行成本，审查校企合作项目运行收入分配方式的合理性及财务管理。资产后勤处主要负责校企合作校内工作场地、设备的管理与监督使用及项目终止时固定资产（包括捐赠仪器设备）的清理与回收，积极为校企合作提供相关支持与服务。继续教育学院主要负责为合作企业职工提供继续教育与培训服务等工作。

二、校企双向服务内容

校企共同修订完善《校企合作实施办法》《科技特派员工作管理程序》等文件，利用学校的人力资源优势和先进的实验实训设备，与企业共同创立集科研、生产、应用和高级技术技能人才培养于一体的运作体系，形成校企双赢局面，建立校企双向服务机制，达到合作发展的目的。

依托校企合作办学理事会，充分发挥高职院校为地方经济社会发展服务的职能，依托企业行业优势，充分利用教学资源，建立紧密结合、优势互补和共同发展的双向服务机制。

（一）专业课程建设和资源建设

校企双方根据市场人才需求情况，共同开发专业核心课程，建立突出职业能力培养的课程标准。企业提供相关职业资格标准、行业技术标准、相关岗位知识与技能要求等资料，利用自身的各种素材，不断丰富校方的教学资源库，包括重大项目可对外披露的设计文档、流程图和视频资料等。

在进行课程设置时一定要考虑课程规范。不管是在课程组织，还是在课程的实践过程中都要符合课程规范的要求。倡导课程组织的灵活性和多样性；提倡课程改革的标准化与同步化；提倡课程多参与实践；在真实的生产过程和生产环境中培养学生的专业技术及应用能力。

（二）"订单"式人才培养

招生前与企业签订联合办学协议，进行"订单"式人才培养模式。校企双方共同制订人才培养方案、课程标准和学生的理论课，专业课由学校负责完成，学生的生产实习、顶岗实习在企业完成，毕业后即参加工作实现就业，达到企业人才需求目标。具体设有定向委培班、企业冠名班和企业订单班等。

（三）科技开发合作

双方合作进行各种类型、各个层次的科技项目研究开发，校企联合参与行业活动，双方利用各自优势资源，在符合地方经济特色的各种行业项目中进行深层次合作，争取地方政府支持，共同研究，共同开发，共同实施，促进地方经济发展。

（四）合作构建"双师结构"教学团队

聘请行业企业专家和专业技术人员、高技能人才担任兼职教师，承担实习实训技能等教学任务，为教师举办新技术、新设备、新工艺和新材料内容的培训班及讲座，有计划地安排专业教师下企业实践锻炼。

（五）共建实践基地

学校引进企业建设"校中厂"，借助企业生产环境和技术指导，组织专业实习，使学生提前接触生产过程，在实践中学习和掌握专业知识和技能。学校根据专业设置和实习需求，本着"优势互补，互惠互利"的原则选择适合企业建立"厂中校"，作为师生接触社会、了解企业的重要阵地，实现"走岗认识实习、贴岗专业实习、顶岗生产实习"，利用企业的条件培养学生职业素质、实践能力和创新精神，增加专业教师实践机会，提高实践教学能力。

（六）交流与培训

企业派出技术专家为校方承担部分相关课程教学任务，聘请校方优秀教师作为企业特聘专家。校企双方每学期进行1至2次的教学探讨。校方与企业共同组织或参加同行业教学研讨、学习观摩等活动，企业定期向校方提供专项知识讲座，服务师生。

三、科技特派员机制

高职院校立足当地产业发展需要，实施科技特派员机制。这是校企合作的主要形式，也是学校主动服务社会的举措之一。目的是引导广大教师深入企业（单位）、行业协会和工业园区等，积极开展社会服务活动，增强教师社会服务能力。拓展校企合作空间，规范管理，推动校企合作办学工作，建立学校技术人才服务地方、服务企业的长效机制。

学校选拔具有扎实的相关技术领域专业知识、较强的社会服务能力、组织协调能力和有工作责任心的教师，将其派驻到工业园区、专业村镇和行业协会等，开展校企合作、人才培养、调研和联络工作。科技特派员服务区域覆盖当地主要地区。

（一）特派员选派原则

1. 按需选派

根据地方经济发展规划、区域经济发展要求和人才需要，选派专业对口、具备较强科技与社会服务能力的骨干教师担任科技特派员工作。

2. 任务明确

特派员派驻期间，有明确的工作任务和阶段性成果目标。以此为目标，开展相关工作。

3. 绩效考核

特派员派驻期间的工作成效与教工年度绩效挂钩。特派员派驻期满后，应进行绩效考核，综合考查特派员工作成效，主要包括：特派员派驻期间工作任务完成情况和预期目标达成情况。考核目标写入年度个人岗位职责（任务书），考核结果计入年度工作量，作为年度绩效考核的依据。

（二）特派员应具备的条件

特派员特指立足当地产业发展需要，从学校全体在岗教师中选拔，将其派驻到当地境内的工业园区、专业村镇和行业协会等。开展校企合作、人才培养、调研和联络工作的人员须符合以下基本条件。

①为学校在岗人员。

②具有中级（含中级）以上专业技术职称。

③具有扎实的相关技术领域专业知识，较强的社会服务能力、组织协调能力和工作责任心。

（三）派驻单位应具备的条件

①具有相当数量会员单位的学会、协会；或具有相当规模的园区管委会；或政府部门认定的专业村镇。

②有人才培养、员工培训和技术攻关等方面的需求。

③认可校企合作办学工作理念，能积极配合科技特派员开展工作。

（四）特派员工作任务

1. 调研工作

深入一线，了解企业（单位）生产经营状况，考察企业（单位）技术和人才需求，收集企业产品信息与技术资料，分析、研究企业所在行业发展状况，为学校制订相关专业人才培养计划提供一手资料。

产教融合平台融合了大量的企业和相关行业，利用"政产学研市"的联动机制，可以深入了解整个行业和主要企业发展的现状、问题及发展趋势，从而为政府、行业、企业提供咨询建议，为高职院校提供人力需求报告，为科研机构提供产业需求的一手资料。

根据技术和行业发展趋势，特派员要在充分摸清企业（单位）技术需求的基础上，收集新工艺、新技术、新产品信息，以及国内外市场动态信息，了解相关技术领域的发展态势和资源布局，分析和研究有待攻克的关键技术和共性技术难题，协助企业制定技术发展战略，推荐学校有关专业教师与企业协同攻关。

调查地方行业发展状况，为地方政府出谋划策。以上调研工作必须撰写和提交调研报告，并附有相关部门或单位的认可（或采纳、实施）证明和支撑材料。

2. 校企合作平台建设

构建校企合作长效运行机制。校企合作是我国高职教育的发展方向和前景所在，因此，特派员要根据学校专业特点，结合实际情况，充分发挥桥梁和纽带作用，根据企业（单位、园区）技术需求和发展战略，努力促成企业（单位）与学校的有效对接，提出机制建设内容需求、合理建议与方案，建立学习、研究合作的长效机制。

产教融合从本质来讲，就是一种新型协同创新模式。这种创新模式就是对各种主体资源的优化配置，实现各个参与主体之间的实时交流，获取更多的资源。通过主体之间的共享，提升参与主体的技能与核心创新能力。利用校企平台，联合培养人才。通过推动校企共建平台，为企业培养技术人才，为学校提供实训场地。

（五）特派员工作考核

特派员工作考核，每学年开展一次，在全校年度绩效考核时段进行，分特派员自评、管理部门审核和网上公示三个阶段。特派员考核等级分优秀、良好、合格和不合格四个等级。考核成绩低于60分为不合格，60至79分为合格，80至89分为良好，90分以上为优秀，等级绩效按当年学校绩效考核办法执行，考核不合格者取消下一年度特派员推荐资格；对考核成绩优秀、表现突出的特派员，学校应授予"年度优秀特派员"称号和适当的物质奖励；学校对连续做出突出贡献的特派员，在技术职务晋升时应给予优先考虑。

（六）经费来源与管理

特派员工作经费纳入学校预算，归科研处管理。科技特派员工作专项经费主要为特派员进驻企业（单位）的差旅费和会务费。差旅费主要包括：特派员进驻企业交通、住宿和伙食补助等；会务会包括：邀请企业（单位）代表来校参观、学术研讨等产生的费用。特派员进驻企业（单位）的差旅费由特派员提交工作台账到科研处，经科研处审核后，按正常出差报销程序办理，各项开支标准按学校统一规定执行。

四、建设创新与育人发展中心

以地方政府为主导，以切实服务地方经济和社会发展为宗旨，通过大型企业的强强联合，成立协同创新中心，推动学校与地方企业或产业化基地的深度融合，形成"多元、融合、动态、持续"的协同创新模式与机制。

学校高度重视、大力支持协同创新中心、协同育人平台的培育建设工作，从经费、人员和场所等方面进行专项投入。

产教融合平台本质上就是一个创业创新的有效载体。鼓励并引导学生、教师参与创业创新实践，并将创业与专业、与科技、与区域产业、与政府导向相结合，提升师生的创业知识和经验、创业意识、创业能力、科技知识、创新能力和创业成效，其也是产教融合的一项很重要的功能。通过这个载体，形成完整的创业实践教育体系。当然，学院也要与当地政府、行业协会、企业和新闻媒体及时沟通，整合各种社会资源为创业教育服务，推动学生创新创业的社会环境建设。

第四节 产教融合就业机制

一、就业工作机制

职业教育的办学方针就是以就业为指导，将学生的就业工作放在重要位置。产教融合既是实现高职院校与企业之间共赢的重要方式，又是实现职业教育与企业可持续发展的重要途径。

高职院校认真落实就业工作重心，明确校、院两级工作职责，加强目标管理。企业提供生产标准，参与人才培养方案的制定，参与课程开发，安排学生顶岗实习，提供就业岗位，反馈毕业生信息，积极与学校开展合作育人、合作办学，提升学生就业能力和就业质量；强化职业生涯规划和就业指导课的师资队伍，以及学生就业服务指导中心建设，提供就业信息，开展就业咨询；加大学生就业奖励基金和创业基金额度，扩建学生创业园，搭建创业平台，开展创业教育，提升学生的创业能力；建立毕业生跟踪调查制度，及时调整培养方向，适应企业要求。

二、就业反馈机制

学校做好就业意向及需求市场分析工作。多年来，根据高职院校对毕业生进行的择业意向调查，对用人单位的用人取向和用人变化进行调查，并对各专业近几年的毕业生进行部分回访，收集用人单位对录用毕业生的满意度反馈意见，有针对性地开展就业宣传和就业指导，较好地服务于学生就业。学校还要对往届毕业生进行就业质量跟踪调查，发放"毕业生就业状况调查表""用人单位对毕业生就业质量评价表"，配合第三方评价机构，进行毕业生跟踪调查工作，完成高职院校近几届毕业生就业质量年度报告，依时上传省教育厅就业指导中心。

三、产教融合就业机制的发展现状与构建

（一）发展现状

1. 经济基础发展不协调

经济基础是职业教育实现产教融合的基础，只有足够的资金支持才能保障高等职业教育改革的有效进行。但是与区域经济的增长相比，中等职业高职院校的办学实力明显不足，资金的缺乏导致高等职业教育离实现职业教育产教融合还有一段差距，在发展过程中，很难实现企业经济与职业教育产教融合的有机统一。与此同时，区域经济发展的不协调导致高职院校的办学实力很难适应区域经济的发展战略，所以缩短高职业教育改革与区域经济发展的差距是当前的主要工作任务。只有不断优化高职院校改革，才能有效弥补区域经济发展的不协调，减少职业教育发展的不平衡情况，最终实现职业教育产教融合、与区域经济的协调一致，进而适应区域经济发展的整体战略。

2. 高职院校课程设置不合理

近年来，随着经济发展进程的不断加快，产业在发展过程中对专业性人才的需求也呈现出多样化的态势，进而导致人才培养与产业需求之间的不平衡。高职院校所设置的很多专业都是为企业的发展而服务的，但是产业的不断升级导致行业与人才培养之间产生了很大的差距，导致高职业教育与实际需求之间严重不协调，即使是专业性的技术人才也满足不了企业日益发展的需求。这种矛盾导致产业发展受到了阻碍，同时企业需求与人才能力之间严重脱节，使学生在未来的工作中缺乏实践能力和技术指导，限制了学生自身的发展，也影响着高职院校的教育水平。

3. 企业的配合度不高

实现职业高职院校的产教融合，主要是为了实现人才培养的目标，但是当前，大多职业院校在实现产教融合的过程中，严重缺乏政府的政策支持，企业在与职业高职院校进行合作的同时，缺乏科学、完善的指导体系，进而导致高职院校实现产教融合的效率低下。同时，相关企业在参与高职业教育产教融合的过程中也没有得到实际利益的满足，所以在此过程中，企业的参与度和积极性普遍不高。此外，高职院校的能力有限，同时还缺乏资金支持，导致高职院校自身缺乏吸引力，致使企业不愿意加入高职业教育产教融合的体制，进而加大了实现产教融合与校企一体化合作的难度。

（二）机制的构建

1. 保障机制的完善

当前，我国的高职院校在实现产教融合的过程中，严重缺乏政府的政策支持和科学、完善的指导体系，导致产教融合效率低下。针对这种状况，首先要建立健全相应的保障机制，为高职业教育实现产教融合提供制度依据，坚持依法治理，只有这样才能确保高职院校产教融合体制的建立、健全和有效实施；其次，建立相关的制度可以确保高职业教育在经济社会发展过程中的重要地位，通过加大投入力度来确保高职业教育人才培养的有效进行，同时通过法规的制定来带动高职业教育产教融合体制的实施；最后，建立现代高职院校制度，以此来引导高职院校走上职业化的管理之路，引导高职业教育走进企业实践，在教学实践中全面推动校企融合。

2. 资源配置多元化

经济条件是高职业教育实现产教融合的基础和前提，只有足够的资金支持才能保障高职院校教育改革的有效进行，所以，想要保障高职业教育产教融合的有效运行，首先要保障资金来源的多元化。要建立起资源多元化的配置机制，保障不同层次的职业院校及行业组织有机融合在一起，优势互补、资源共享，并实现真正意义上的产教融合，为企业的发展培养出更多的技术性人才，缩小企业人才需求与实际教学模式之间的差距，将行业资质、产教融合与校企一体化合作及社会组织进行整合，通过建立资源多样化配置机制来满足企业对技术性人才不同程度和不同层次的需求，进而促进高职业教育产教融合的科学健康发展。

3. 立足于当地经济发展

高职院校的办学理念是服务于当地的经济发展，伴随着产业结构的升级换代，高职院校也需要进行相应的调整，适应当地的经济发展，服务于当地的社会需要，不断深化教育改革，政府、企业和高职院校三位一体，共同发展，服务于当地经济需求与发展。

4. 打造专业的教师团队

专业的教师团队是提高办学质量的关键要素。高职院校积极调整教师队伍，科学设置专业教师的数量与配比，不断提升教师的素质与水平。实现部分师资的成功转型，适应新兴专业的发展；积极引进专业人才，学院每年派相关领导分赴全国各地招聘专业人才；积极推荐可塑力强的教师到企业或科研院所进修培训，"给力"师资队伍，为专业调整和转型提供有力的师资保障。

（三）形成地方特色品牌专业

1. 搭建产学研平台

高职院校自建院开始便积极探索产教融合的方式与途径，经过多年来的实践，学院主动"走出去""请进来"的合作模式已初显成效。高职院校主动"走出去"，寻找学院与企业的契合点。高职院校结合新农村建设大力推进的现实，结合学院农林专业发展所需，组建"校中厂"相关企业，为学生顶岗实习和就业、教师开展技术研发提供了崭新的平台。

2. 创新机制

产教融合的有效实现使双方在合作中互利共赢。长期以来产教融合与校企一体化合作表现出了高职院校单方面热情的尴尬局面，为了避免"剃头挑子一头热"的尴尬，作为地方政府主办地方性高职院校，学院应充分利用政府这一平台，创新产教融合，出台激励政策与扶持政策，使企业能从产教融合中受益。

建立产教融合发展基金。支付给学生实习期间的报酬，准予在计算缴纳企业所得税前扣除。对稳定接受学生实习实训、教师顶岗实践、支付实习学生报酬的企业，将相关经费计入企业成本，在税收上给予优惠，对职业教育发展所需的征地、基本建设等项目，地方税务应减免相关税费。

产教融合的企业可以充分利用学院的人力资源，还可以减免税费，区域内企业开始主动寻找双方的契合点与学院进行"联姻"，有些学校现已与区域内多家企业建立了较为稳定的战略合作关系。

(四)推动产业链融合发展

1. 积极建设农村综合服务中心

作为一所地方性的高职院校,应该将其建立在服务地方经济发展的地方。地方经济发展相对薄弱的地方就是农村应对其积极推行产教融合,建设农村经济建设服务中心,不断地创新与发展。

2. 共同促进相关课程开发

校企合作共同开发相关课程,紧密联系社会实际需求。相互参考,共同建立新的课程标准,共同研发新的教学课程,双方互利。共同拟定教学方案,共同开发工学结合教材,共同拟定考核规范和建立试题库。课程内容要及时反映生产技术发展状况和生产技术规范的要求,实现教学内容和生产实际的统一,并兼顾职业资格、技术等级考核的要求。

第五节 产教融合激励机制

一、人事管理与分配制度

大力推进校内人事管理与分配制度改革,坚持分配向教育教学一线的教师倾斜,确保教学一线人员人均绩效津贴标准比行政教辅部门的人均绩效津贴高5%。

完善公平、竞争、高效的校企合作激励机制。修订完善《关于深化绩效管理改革的实施方案》,进一步深化校院二级管理,扩大院部在教师引进、教师聘请、教师课酬、技术开发经费支配等方面的自主权,实现重心下移;从社会效益和经济效益等角度制定教师参与校企合作与技术服务的核算标准,将其作为教师应完成的标准工作量的组成部分之一,纳入薪酬体系;将教师参与校企合作情况计入教师业绩考核范围,作为职称评定和年度考核的重要指标。

二、校企合作激励制度

(一)校企共建创新平台的激励内涵

激励是指组织群体为了实现既定的目标,通过特定环境条件和方式方法,以及完善的管理体系,将团队成员的心理目标唤醒和激发出来,使其对组织的承诺实现最大化,增强组织成员心理的调节能力和行为的控制能力,最终实现驱使个体持续有效地为组织利益着想，实现个体的内在目标与组织的整体目标相一致的过程。校企合作的激励机制是指根据平台的具体需求，在实际合作的过程中充分考虑内外积极因素，利用一切可利用的方法，使得合作主体为合作目标持续挖掘智慧、努力解决问题的同时，积极性和合作动力不断提高的一种系统方法。校企合作激励的主要目的是激发合作团队成员的正确行为动机，调动其积极性和创造性，充分发挥智力效应的迭代效果，以做出更大的成绩。

（二）校企合作团队分析

参与校企合作的团队是校企合作平台的基本组成部分，校企合作激励机制的对象也主要是参与合作的团队及其成员。因此本部分主要对参与合作的校企合作团队进行剖析研究，寻找解决激励机制构建的方法。校企合作的团队主要是由学校师生和企业的相关成员共同组成的，双方成员以任务为导向，以实现共同目标为最终目标，全体成员通力合作，实现人力、智力、财力和信息的重组优化、有效组合。

1. 参与合作团队的特点分析

（1）跨组织，结构扁平化

参与合作的团队一般是一个特殊的、临时的团队，团队一般因为合作项目而产生，可能因为项目终结而解体。从组织形式上讲，合作团队是一个跨组织的团队，文化差异较大；从构成上来讲，合作团队主要由学校师生和企业的团队成员构成；从结构上讲，合作团队的组织机制和性质对团队成员充分授权，团队成员可以有充足的发挥空间，对合作创新所面临的问题进行充分的决策，这属于典型的扁平化结构。结构的扁平化使得合作团队的管理范围和跨度得以拓展，避免了很多冗余的审批沟通环节和内耗，增强了工作的协同性，产生了比单个主体简单加和更大的价值。此外，团队中的每个成员的人事关系依然属于原单位，对项目研发中出现的问题有充分的发言权，彼此之间并不存在谁比谁优越、谁是谁的领导的问题，不存在上下级关系，彼此之间都是平等、独立的关系，是一种相互鼓励、相互切磋、相互促进的平等关系。

（2）知识结构合理

学校的师生和企业的工作人员在参与合作团队之前有着不同的工作经历和工作经验，也有着不同的知识结构与技能基础，双方的搭配组合使得合作团队实现了知识互补，知识结构多样化，从知识结构和技术储备方面为合作项目及任务的完成提供了保障。更为重要的是，团队成员之间正式的和非正式的沟通交流，有利于团队成员之间的思维碰撞，调整工作思路和方法，从而激发出新的思路和灵感，为项目任务保质保量地完成产生积极的影响。

（3）合作与竞争共存

团队成员处于一种各为其主的合作状态，合作是因为双方组织赋予的任务使命，为了完成各自的任务，双方成员都会尽自己最大努力进行探讨合作。同时，基于对认可的需求，团队成员也会努力工作以期得到认可，彼此之间又存在着赶超、竞争的关系。可以说，合作和竞争是共生并存的关系，任何团队组织如果没有了合作和竞争，那么这个团队也就失去了活力。但是校企合作过程中团队的竞争是一种合作性的良性竞争，而不是对抗性的恶性竞争。

2. 参与合作的团队成员的特点分析

（1）人员素质相对较高

能够参与到合作中来的团队成员的学历和文化层次相对较高，而且都具有较为专业的知识背景和技术能力，有的还是行业内的学术带头人。由学校师生和企业研发人员组成的合作团队有自己的工作习惯和特点，注重自我管理和启发，对工作有较强的责任心和忠诚度。

（2）进取心强烈，具有开拓创新精神

从事项目研发创新活动的人员必须不断地更新自己的知识储备，否则思维就会僵化，创新能力就会减弱。而能够长期从事研发工作的人员必定具有保持自身优势和价值的方法和良好习惯，而且具有强烈的进取心和学习欲望，对未知的领域和困难保持着较强的好奇心。这些特征都非常有利于校企合作项目的完成。

（3）需求层次较高

团队成员将攻克难题看作一种乐趣，注重自身素质的提升和自我价值的实现，从具体的合作中体会成功带来的喜悦，从而实现更高层次的价值需求。对他们而言，校企合作运行阶段机制分析、认可和参与决策等是激励他们的重要因素。

（三）校企合作激励机制的运行机理

1. 校企合作项目的需求因素分析

资源的充足补给。学校和企业之所以选择合作，就是因为单方面的资源不能满足各自的需求，或者因为自身追求的目标对资源有更高的需求。此外，在双方合作的过程中，也必须对所需资源进行调整，否则就会导致创新不足，校企合作平台就不会发挥功效。

科研氛围的营造保持。严谨、浓厚的科研氛围对合作团队而言至关重要，只有形成了较为成熟的科研氛围和科研习惯并能够得以保持和持续，才能激发团队的集体智慧，为合作创新提供智力保障和环境烘托，促进合作效果的显著提升。

公平合理的评价体系。团队的合作效果最终要依靠评价来进行确定，评价的指标主要包括：成员的努力水平、成果产出量化、研发成果的数量和价值等。评价指标要适当、合理，只有评价进行得合理，才能及时、准确地衡量合作团队的创造能力，才能纠正平台的偏差和潜在风险。

2. 参与合作团队成员的需求分析

根据马斯洛的需求层次理论，人的需求可以分为生理需求、安全需求、爱和归属感、尊重和自我实现五个层次。结合激励理论和参与合作团队成员的特点，马斯洛的生理需求和安全需求对团队成员而言不是最重要的，其他三个层次的需求更为重要，具体到实际合作过程中，可以归纳为以下方面。

薪酬是合作团队成员需求的基本起始点，薪酬激励对大部分成员都是有效的。尤其是针对普通的科研工作者和基层的企业工作人员，在当今社会压力的影响下，经济性报酬依然是其改善生活最主要的来源，在各种需求中处于重要位置。确立薪酬体系的基本步骤应包括：首先对双方员工的薪酬现状进行调查，尤其是相关行业的薪酬制度和薪酬水平；其次是确定成员的绩效标准，这时可以使双方独立核算和制定标准，也可以保证合作成员在原单位领取薪水的基础上，根据项目的进度进展和效益来进行绩效标准评定；最后设计薪酬结构，包括基本工资、绩效、福利，以及各自的分配比例。此外，薪酬激励还需要依据团队成员职位变迁、工作经验的积累和需求层次的变化适时进行调整。

表扬、奖励、认可、肯定和尊重是合作成员的更高层次的需求。学校和企业联合组成的研发团队，是一个涉及双方合作的组织，成员来自不同的组织，具有不同的企业文化和认知差异，团队成员之间只有相互鼓励、相互尊重，才能营造良好的合作氛围。这样既有利于团队成员的向心力和凝聚力，也有利于自身创造力的发挥。马斯洛认为，人的自尊是与生俱来的，希望自己能够有威信、有实力、有信心，如果尊重的需要能够被满足，就会激发出个体无限的热情和主动性。

自我实现是最高层次的需要。团队成员的个人理想和价值追求是促进其不断创新创造的不竭动力，有时甚至表现为自我超越。在组成合作团队的时候，就需要将不同的成员放到合适的工作岗位上，尽量使得每位成员都能做自己感兴趣的工作。

3. 校企合作平台的激励因素分析

校企合作平台的激励因素，主要是指对合作平台及团队成员产生积极正向作用的相关地方应用型本科院校的校企合作机制研究因素。下面结合校企合作的情境特点和技术创新的需求特点，以及团队成员的具体需求，主要从形象的激励因素和抽象的激励因素两方面对相关影响因素进行分析和定位。

（1）形象的激励因素分析

薪酬激励。学校和企业研发人员的薪酬水平并不高，经济报酬类的激励因素仍是团队成员最主要的需求和刺激因素，也是非常有效的激励手段。薪酬不仅是生活的基本需要，也是对成员个体的能力和价值的认可，代表着其社会地位的高低，是个人价值实现最直观的体现。

资源激励。合作团队成员来自不同的组织，构成比较复杂，资源的需求也比较复杂。例如，学校科研人员需要的是资金、设备以及一线的实践经验，企业科研人员需要的是完整的理论体系的引导及对学术前沿的把握等。此外，资源的稀缺性让双方成员受到了一定的约束。如果合作过程中双方所需要的资源得不到满足，那么维持良好的合作关系和创新积极性就只能是一句空话，再好的激励机制也只能是纸上谈兵。

（2）抽象的激励因素分析

物质激励是提高成员生活质量的重要因素，精神激励则是调动成员积极主动性和激发其责任心的重要因素，主要包括诸如机会、制度、发展的平台，以及文化的熏陶等。这两种激励因素使得员工的个人发展空间和成长得到了保证。其中，机会主要包括学习的机会、培训的机会、晋升的机会、决策的机会和获得授权的机会等，并将这些机会通过完善的制度来进行保障，使得合作团队能够保持积极向上的文化氛围和正常运转的动力。

4. 校企合作平台的激励目标分析

合作团队的目标要时刻得到成员的认可，必须使成员的自我存在感、情绪和自我认可度达到其满意的程度。鉴于此，目标激励需要注意以下几个方面。

（1）目标要具体且具有可实现性

团队的目标对团队成员的行为具有引导、激发的作用。目标越具体，就越具有可操作性，成员的行为方向才能越明确，并且能够根据自身的情况和整体的目标不断进行调整，逐渐靠近既定目标，缩小差距。同时，目标的确定还需要具有可实现性，既要符合团队的利益，又要符合成员的整体水平认知。这样的目标才具有可考评性和努力价值。

(2) 目标要客观且具有挑战性

目标的客观性和挑战性并不矛盾，挑战性对团队而言十分重要，既是技术创新活动的客观要求，又是对团队成员自身专业技能的肯定。挑战性与客观性需要兼顾，不能偏向于某一方，否则不仅起不到激励的作用，还会挫伤团队的士气和创新灵感。

(3) 团队成员目标要与团队的目标具有一致性

人是生活在社会环境中的个体，集理性和非理性于一身，团队目标的可实现程度取决于其与团队成员目标的吻合程度。对于团队整体和个体而言，二者的目标一致是最有意义的。

（四）校企合作激励机制的设计原则

1. 集体目标与个体目标相结合

在校企合作激励机制构建中，目标的设置需要考虑集体目标和个体目标设置的合理性，只有同时体现二者的需求，才可以大大提高团队的生产效率。

2. 具体激励与抽象激励相结合

具体的物质激励手段是基础，抽象的精神激励手段是根本，在两者有机结合的基础上，要逐步过渡到以抽象的精神激励手段为主。

3. 惩恶扬善和公平合理相结合

激励机制的主要目的是引导团队成员自觉表现出好的行为，放弃不利于团队的不好的行为。因此，激励机制就必须严格区分正向激励和负向激励，对符合组织目标的行为要进行表扬奖励，对违背团队原则的行为要进行惩罚，而且奖励和惩罚措施要公平、适度和合理。

4. 民主公开和机会均等相结合

激励对象的选择要做到民主公开、机会均等，激励的目的要明确、方法要恰当、机会要均等，民主性、公开性和均等性与激励产生的效果和心理效应是成正比的，只有这样才能达到激励的目的，否则，激励反而会起反作用。

5. 时效和按需激励相结合

激励措施的实施需要选择合适的时机，越及时越有时效性，则效果越好，越有利于团队成员的自我激发和创造力的持续发挥。在进行激励时，应当充分考虑成员的不同需求，只有满足了不同成员的最迫切的需求，激励的效用和强度才能达到最高。例如，针对临时组建的校企合作团队，缺乏的是双方人员的彼此了解和熟识，这时就可以组织一些面向集体的拓展培训活动，使团队成员在共同的团体互动中体会团队的凝聚力，增加对彼此的熟悉程度，尽快进入无缝合作状态。

（五）校企合作激励机制的构建

为了实现深层次的校企合作，推动校企合作的有效进行，调动内部人员参与的积极性和主动性，构建高效合理的激励机制已经是大势所趋。主要可从以下几方面入手。

1. 构建多元化的激励主体

校企合作是一个涉及各级政府、学校和企业等多个组织的复杂体，这些组织通过彼此之间的依存关系建立合作关系。因此，在构建校企合作的激励机制时要构建多元化的激励主体，尤其是政府要强化主导激励地位，明确学校和企业在合作过程中的主体地位，并充分建立和发挥社会组织的桥梁和纽带作用。

高等教育培育的人才属于准公共产品，学校与企业的合作是有利于这些准公共产品的产生的，要具备上升到国家发展战略的意义，必须通过政府的各种职能手段进行调控和配置。而且高等教育在很大程度上就是政府对资源和政策进行配置后的一种结果，因此，政府作为公共资源的保护者和公共政策的制定者，应当突出其在校企合作中统筹发展的主导地位，发挥其协调、推动和监督的作用。主要可从以下几个方面入手。

首先，政策引导。学校和企业的发展以及校企合作的发展都离不开政府的支持，因此在学校与企业合作的激励机制构建中，政府应成为激励机制的上游，或者说是处于主导地位，为校企合作提供政策激励引导，对学校和企业一视同仁地进行支持。具体而言，政府应通过正式的政策文件确立校企合作的社会地位，明确鼓励支持的态度，并对优秀的、典型的校企合作案例进行大力宣传报道，制定相关的优惠政策和奖励措施，以提高学校和企业的知名度和公信力，调动双方合作的积极性。

其次，资金投入。为学校办学提供办学资金是各级政府的一项基本工作，也是政府发挥主导作用的重要体现。在财政支持方面，政府可以直接向学校拨付资金，也可以对学校的优势学科或项目进行投资，同时，还可以发挥媒介作用，利用政府的公信力使学校和企业进行沟通合作，鼓励企业和社会力量捐资助学，减轻自身的财政压力。

最后，监督管理。学校与企业合作的顺利进行离不开各级政府的监督管理。政府应设立中央、省（自治区、直辖市）、地级市、县（乡）四级专职组织管理机构，承担校企合作平台的第三方监管工作。政府机构应联合教育、财政、人事、发展改革委员会和工商等部门共同成立校企合作指导委员会，制定合作办学的措施和发展规划，解决实际合作过程中的难题和阻碍，定期对校企合作的成功案例进行推广和评优奖励。学校和企业也应该相应地成立校企合作办公室，开展对口对接、联系沟通和整体评估等工作。

2.明确学校和企业在校企合作激励机制中的主体地位

校企合作的主要目的之一是培养具备综合素养的技术型人才，这也是校企合作主体的主要职责。政府虽然在校企合作过程中处于主导地位，但是学校和企业这两个主体的主体地位依然不可动摇。目前，我国存在的校企合作中，存在着一定的表面化、形式化和务虚化的现象，从而使合作主体的参与积极性并不是很高。因此，在校企合作的实际开展过程中，在强化政府主导地位的同时，还需要明确学校和企业实施主体的地位，秉承互惠互利的原则，实现双赢。

从学校方面而言，我国学校较高的社会地位使得学校的办学理念相对固化，很难真正走出去，去主动寻求与企业的合作。尤其是地方应用型普通学校，可寻求的资源有限，与国内重点学校相比，竞争力也明显不足，更需要发挥主观能动性，主动寻求与企业的合作。鉴于此，第一，要从根本上改变社会对大学的认知，客观认识学校的社会地位，学校也要主动配合，走出所谓的象牙塔，寻求一切有利于学校发展和人才培养的资源，完善其社会服务的职能和提升科研的转化率。第二，学校的校企合作要避免扎堆、同质化，要审时度势地认真思考自身的优势和劣势，突出办学的特色，提高人才培养质量以及与社会需求的吻合度。第三，高等院校应主动走出去，时刻保持与社会的共融性和同步性，对固有的办学理念、日常管理和教学模式加以更新改进，保持与企业的发展接轨，提高其培养的人才服务企业的能力。第四，对企业有吸引力的项目要主动联系，引入企业的资金、设备及实践经验等。总之，学校应该从办学理念、教学模式、人才培养、优势学科和管理体制等多个方面进行创新型改进，吸引企业的注资和合作，这也是构建激励机制的前提和基础。

从企业方面而言，我国的大部分企业对校企合作的参与度和积极性普遍不高，这其中主要有两个原因：一是企业的根本目的是实现利益的最大化，企业参与校企合作时必然会对自己的投入和产出比进行计算，一旦达不到预期，必然会放弃合作。而实际的校企合作存在着很多不确定的风险，大部分项目的市场估值不可准确预期，所以企业为了避免风险，一般会保守地选择不合作。二是校企合作过程中，学校一般处于优势地位，企业处于从属地位，企业的义务被过多地强调，而权利却得不到保证，严重挫伤了企业参与的积极性。因此，校企合作必须要从调动企业的积极性方面着手，学校需要从合作姿态、合作项目管理和利益分配等方面强化平等理念，政府需要对参与企业给予一定的财政补贴、政策优惠、税收减免和精神激励，同时还应该从法律法规等方面对企业的社会责任感进行规定和引导，以此加强企业参与校企合作的意识和明确其对社会的责任和义务。

（六）校企合作运行阶段激励机制分析

1. 发挥社会组织的桥梁和纽带作用

行业协会是参与校企合作的主要社会组织，指介于政府和企业之间，以某个行业为依托，为该行业的生产经营者提供咨询、服务、协调和监督的非官方中介组织。行业协会是连接教育与行业产业的重要桥梁和纽带，在促进产学研结合，打通教育与行业产业之间的屏障，确保教育规划、教学内容和人才供给能够与行业产业的需求相吻合，监督企业履行校企合作中的相关职责等方面具有不可替代的作用。概括而言，行业协会在校企合作中的作用主要体现在以下两个方面。

首先，具有行业教育指导委员会的作用。行业协会在业内的职能相当于指导委员会，行业协会若想实现所在行业的发展创新和持续增长，选择与学校进行合作也是其首选。因此，各行业协会需要不断加强自身的管理体系建设和职能效用发挥，充分突出其行业引导和统筹协调的优势，发挥其在业内的影响力，加强与政府部门的密切沟通和配合，结合行业发展和区域经济有目的、有规划地选择与对口学校进行务实合作，整合行业的优势教育资源和企业资源，进行人才、智力和知识的后备补给，从而推动校企合作取得实质性进展。

其次，具有行业资质认证的职能。这里的资质认证主要包括对企业和学校的资质认证，即行业协会对能够进入校企合作范畴的企业和学校进行前期调研和相关的资质考察，这种认证可以是官方的，也可以是非官方的，主要为学校和企业之间的互相选择提供参考，增强彼此的信任。能够参加校企合作的学校需要能够满足行业内的专业需求、研发需求和人才需求，而企业则需要在管理、规模、经营状况和业内口碑等方面满足条件，并建立关于学校和企业的大数据。在进行资质认证后，行业协会还需要根据国家的宏观政策和本行业的发展前景，制定、引导和规范校企合作的具体内容和成果转向，引导和鼓励学校与企业的合作，缩短双方进行互选和斟酌合作内容的时间，实现从"点对点"的校企合作局面向"点对面"，再到"面对面"的局面的转变，扩大合作的范围，提高合作的成效，加快合作的进展速度。除此之外，政府也要对行业协会在校企合作过程中所起到的作用给予肯定和支持，并进行适当的监管、补充和扩大。从某种意义上讲，行业协会分担了部分政府的职能，如制定规章制度，对企业和学校的资质认证牵线搭桥等。

2. 提高学校自身的能力和吸引力

校企合作是一项涉及多个主体的大工程。学校为了加强与企业的合作并吸引更多企业参与进来，必须对自身的能力加以提升，并凸显企业参与合作的主体地位。学校在这个过程中应主动适应校企合作的模式，对企业在合作中的地位给予充分的认同，在全校范围内形成积极的校企合作文化，确立学校和企业合作的双主体地位；调整自身的人才培养模式，加强生产实用型的实践基地建设，提高双方资源的共享度；加快教学改革步伐，不断完善实践教学的管理机制，深化教学大纲的改革，实现教学内容和企业所需要的知识技能的对口对接，切实提高学生的就业数量和质量；定期进行市场需求分析和对口企业调研，构建基于企业需求的专业课程体系，重点强调符合地方区域经济的发展要求；强化教师队伍的组成结构，提倡教师走出去，去亲身体验，并主动将企业的工程师请进来，全面提高教师的现场实践能力，满足学校和企业教学科研和生产培训的根本需求。总之，学校作为主动方应该通过各种措施和途径，增强自身的软硬件实力，以真诚的合作态度和宽广的胸襟建立合作关系，凸显企业在合作中的主体地位，为校企合作激励机制的构建奠定良好的关系基础。

3. 调动各方参与的积极性

完善的激励制度是保证合作主体利益实现的重要保障。合理的制度体系应具有三个特点：一是规制性，即制度必须基于一定的规则，对成员主体的行为具有制约和调节的作用，在实施的具体过程中具有监督作用，对于行为的结果具有奖励和惩罚细则；二是规范性，即对于固定行为具有固定的操作程序，并同时强调过程、方式方法和评价的统一性；三是文化认同性，即制度的构建要基于主体行为的文化背景和认知水平，强调统一共通性。校企合作激励机制的完善主要基于以下几点。

（1）搭建多方合作治理的管理体系，协调各方的利益关系

我国的高等教育管理一直采取的是政府财政拨款的单一定向管理方式。若要实现校企合作，就必须对目前的单一定向管理方式进行改革。要转变政府职能，建立由政府统筹，学校自我管理和企业参与管理的协同管理模式。这需要做到以下三点。

第一,中央政府加强在高等教育发展过程中的对口管理,对于校企合作可能产生的问题进行立法、调控和引导,制定专门的机构应对校企合作,加强对校企合作的支持力度和宣传介绍,保证中央政府、学校和企业在合作共赢问题上的利益共识。

第二,地方政府需要根据地方经济的实际情况,在中央政府政策的指引下,根据地方的资源特色和位置优势,对校企合作的具体方向、内容和方式方法等细节进行具体规范,协调各方的利益关系,对校企合作实现微观管理和指导。

第三,在科学、安全、高效的基础上建立投资机制,鼓励校企合作过程中多元化主体的参与。

(2)健全经费保障制度

经费不足是学校办学过程中面临的主要问题,充足的经费不但是学校办学的基础,而且也是校企合作的前提和基础。否则,学校将始终处于"吃不饱"和"穿不暖"的状态,需要填补的"窟窿"较多,这样就会使企业望而却步,因为企业只有把这些"窟窿"填满,才能获利。校企合作的目的不应该定位于"雪中送炭",而应该定位于"锦上添花"。因此,校企合作激励机制的构建要以健全经费保障制度为保障。主要可从两点入手:一是改变政府单一投入的模式,可以考虑建立校企合作的专项基金;二是学校自身主动寻求资金筹集的多渠道化,解决资金难题。

(3)完善监督管理制度

可以寻求第三方监督管理机构来完成对利益分配的监督,这个机构可以是政府专门成立的政府机构,也可以是通过市场规则确立的第三方监管机构。主要对校企合作的内容进行评价,财务进行审计,过程进行监督,避免利益分配不均产生的矛盾,保证激励机制的有效运行。

第七章 新时代高职院校产教融合的教学创新

职业教育的发展之路必须推行校企合作、工学结合。多年来各学院都围绕高技能人才培养模式改革的探索与实践，秉承教育服务理念，更新办学理念，创新人才培养体制机制，通过专业链与产业链、课业链与技术链、能力链与人才链的有效对接，进行了由校企合作、工学结合到校企一体、产教融合，再到学园城联动、产学研互促逐步深入的研究与实践，形成了产教融合与校企一体化的教学机制。本章将重点从专业建设、课堂建设及师资队伍建设三个角度阐述研究与实践的方法、举措及典型案例。

第一节 新时代高职院校产教融合的专业建设

一、基于校企一体化的高职教育流程理论研究

专业是职业院校办学的核心，良好的专业结构在社会转型期将决定学院的生存和发展。专业是高职院校开展教学活动的基本单元和各项资源配置的平台，也是学院内涵建设和特色彰显的主要标志，更是开展人才培养模式改革的平台和载体，以专业建设为抓手，开展课程建设、师资队伍建设、实训基地建设及教学模式改革是高职院校的普遍共识。

校企一体化，这是高职教育，乃至整个职业教育共同关注、探索和研究的热点问题。职业教育的特殊性决定了校企一体办学的必然性。表面看，由于职业院校办学的价值取向与企业生产的价值取向有明显区别，使校企一体化的结合存在"先天"的诸多排斥。其实不然，学校教育与企业生产仍然有相融互化的结合因子，关键要激活它们，通过机制构建维系、保障相互的利益。校企一体化教育流程的研究试图从教育视角对高职院校与企业深度融合的体制机制进行研究，从而构建高职校企一体化教育流程的基本范式。

（一）高职校企一体化教育流程概述

职业教育的发展之路必须推行校企合作、工学结合，强化人才培养模式的特色。关于高职校企一体化教育流程的概说，有必要分别对其中包含的三个分概念，即校企一体化、教育流程和高职校企一体化教育流程做分析说明。

1. 校企一体化

"一体化"在这里是指关系属性的形态。校企的本源体是分离的，是不同的主体，但内在的某些联系促成了相互的深度融合，称之"一体化"。依此释意，这里的"一体"是"化"的结果，是关系中的一体。就层次而论，校企一体化与校企合作比较，依存性更为紧密，是深度的结合。

学校与企业本来是独立的两个主体，由于两者间存在着某些价值诉求和利益相关的诸多要素，使学校教育与企业生产相得益彰，真正体现出了教学性生产与生产性教学的结合，这就是校企一体化的基本形态。另外，校企一体化与校企一体还有区别，之谓"化"，表明这种校企一体不仅是有形的一体，也更是合作体制机制契约下的一体。

2. 教育流程

教育流程的理论基础是一般流程规则的遵循和应用。客观世界的"因果"形态与主观辩证的"因果"形态有因然和应然的联系，这是任何"流程"的法则。与教育流程所不同的是教育的特殊性和特定性。学校为了实现既定的人才培养目标，从专业设置、课程体系建构、师资配置、实践实训基地建设到教育教学的设计、实施，相关制度机制的保障，质量监控与评估的措施等，形成了一个较为完整的有机系统。

简言之，校企一体化教育流程，就是企业全面参与学校的人才培养，校企共担育人之责的运作范式和规则。由于教育流程运行的焦点是人才培养质量，其特殊性表现在流程实施过程的多主体性，如学习主体、教育主体、企业主体和政府主体等，各主体的职能发挥和良性互动都直接或间接地影响着教育流程的执行和效果。流程结果的评价也非线性评价，在多维评价框内参照的评价标准、分值权重，都有较大的弹性空间。可见，教育流程不同于一般的生产流程、物质生态流程，其教育规律与教育理念、价值取向、人才观认知等因素相关，内涵和外延的关系复杂，多主体间的相对性变化大，从而使教育流程的制定和执行较为困难。

3. 高职校企一体化教育流程

这是一个组合概念，首先确定了流程的属性是高职教育流程系列；其次是针对校企两个不同主体间融通的一体化流程。由此，通俗地解说这个概念，就是指高职院校与相关企业基于高技能专门人才培养，实施教学性生产与生产性教学紧密结合，确保校企利益双赢的运行机制和方法。

在这里需要特别说明的是，高职校企一体化教育流程只是高职教育流程中的一个层面，其重点是针对校企关系的合作；"流程"的关注点和切入点是教育主导，而非生产主导，这与"流程"确保利益双赢并不矛盾。

（二）高职校企一体化教育流程的内涵

基于高职教育视角下校企一体化教育流程的提出和理念的建立，可从流程主轴与核心要素两个方面阐述。

从流程的主轴线递进的四个层级不难看到，校企一体化的主线仍然是教育性。在此基础上，再从校企的既得利益契约合作关系体现出相互的包容、优势的互补和利益的互惠。

流程主轴的四个层级包含着丰富的内涵，其中必须关注的核心要素有"三力""五共""四化"和"四度"。

1. "三力"

校企一体化的内聚力，简称"三力"，这是实现一体化的前提条件。搭建校企一体化教育流程的平台时必须考虑合作企业的教育力，企业生产规模、生产效益，但更重要的是要考察合作企业所具备的承担学生培养、学生生产实训中的技术技能指导的实力。

学校自身也要根据师资、专业结构、学科技术和技能优势、科研能力等衡量与企业合作时能给予企业的服务力。更重要也是最根本的还是要考虑学生的发展力，学生的专业性和专业能力培养是校企一体交汇的出发点和目的。

2. "五共"

校企一体化有了共建的平台，继而需要达成合作目标，简称"五共"。教学、生产共时，要求学校的实践教学计划及安排要结合企业的生产时性；企业安排学生的实践岗位要尽量考虑与实践教学的计划和内容相联系。技术资源共享就是强调高职的人力、智力和研发等优势与企业的生产、技术和市场化等优势充分整合，使之成为教育与生产共享的资源。

课程体系共建，就是把专业课程与具体的专业核心能力结合起来，专家与行家共同为学生制定课程。专业队伍共建,是优势互补、资源共享的重要体现,让合作专业的教师成为企业的技术顾问和新产品研发的骨干,让企业的技术师傅成为学生生产实践的指导教师,以提升校企双方专业团队的实力。校企利益共赢是一体化所追求的最终目标。

3."四化"

合作目标确定后,接下来就是实质内容的分解,其中"四化"要求不能忽视。课程范式项目化,强调实践课程要将专业性融入相关的专业生产项目之中,以专业生产过程的关键知识、核心能力安排实践课程。课程组织多样化,强调实践教学并不排斥传统的课堂教学、模拟性的实训教学等,倡导课程组织的灵活性和多样性。课程实践生产化,强调专业的实践课程要突出专业生产的知识特性和技术特性,在真实的生产过程和生产环境中培养学生的专业技术及应用能力是最关键的要求。课程成果产品化是校企一体化实践教学绩效评价的特殊要求,因学习是真实产品生产中的学习,实践性产品的质量将是评价学生学习态度和知识应用及迁移能力的重要指标评价。

4."四度"

流程的最后层级是检测和评价。本流程依据学习主体、合作主体间的"满意"程度从四个维度建立评价体系。学生满意度是最核心的标准,是整个流程的重中之重。流程也应考虑到校企一体化的多面性,提出校企合作双方的满意度评估。

另外,高职院校同样肩负着重要的公益服务的社会职能,校企一体化的效应不仅作用于相关联合体之间,也不可避免地会产生社会辐射及先导作用,放大高职社会公益服务功能,让更多的行业企业同享高校的优质资源,这是社会满意度的意义所指。

(三)高职校企一体化专业建设的基本范式

有学者提出,产业要素、行业要素、企业要素、职业要素和实践要素是中国特色的职业教育必须融入的五大要素。高职校企一体化教育流程的操作将五大要素归类于两大生态系统,即学校教学性生产生态系统和企业生产性教学生态系统。本流程教育性主导理念下的校企一体化与一般校企结合的区别,就在于学校的专业实践教学,甚至校内的专业性实训教学是在生产过程中完成的,其可以使专业性与生产性紧密结合在一起。

这种变革充分体现了课程范式项目化的特征,实现了专业教学实践与专业生产实践的链接，在本流程称为教学性生产生态系统。另外，本流程下，企业的生产因学校服务的介入和企业自觉对育人职责的承担，使得企业的生产性与学生学习性生产在内容和形式上达到了高度统一，使生产职能赋增了教育性，在同样的产品中注入了不同的内涵，形成了生产性教学的新模式。这是与一般企业生产的重要区别，本流程称为生产性教学生态系统。

两个生态系统的教学生产与生产教学流程有联系也有区别。校企一体化的教学与生产两个生态系统的次系统呈链状结构，而且两者间的链接点也相互联系和相互作用。

二、基于校企一体化高职教育流程的实践探索

学校的办学定位是人才培养的目标确定、路径选择和质量保障的前提条件。比如浙江工贸职业技术学院始终坚持"跳出教育评价教育、跳出教育发展教育、跳出教育反思教育"的思路，确立了以教育服务为核心的办学理念。在这一理念的指导下，以育人服务、社会服务和科研服务为平台，以利益多赢为驱动，推行教学中服务与服务中教学相结合的方式，破解了职业教育难题，探索和创建了新型高技能人才培养模式。

（一）教育服务理念，推动体制机制创新

以服务为宗旨，创建"政、产、学、研、市"的地方高校教育合力机制，破解高职教育发展的体制层面问题。在实践中，学院逐步探索并形成了"五位一体"的体制架构，"五位"指政（政府）、产（行业企业）、学（学校）、研（科研院所）、市（市场或泛指社会）；"一体"指各要素有机整合的"人才培养服务联合体"。其职能是政府主导、行业引导、学校主体、研究支撑、市场（社会）调节与检测。

在具体的教学实践与改革中，政府主导的作用体现为地方发展战略规划对学校发展的响应和扶持；行业引导体现在对专业论证、课程设置、教学路径选择和质量考核的制定上等；学校主体是服务功能担当的主体，育人和文化科技服务并举并重；研究是服务的先行者，即包括教育研究和社会文化科技研究；市场及社会，这是服务的起点和终点。

（二）教育服务理念，助推教育教学改革

传统的教学方式根本无法承载新型的高技能人才培养要求。教育服务理念下的办学方式是开放型的办学，育人平台的开放性为产业与专业、技术与课程、

人才与能力的"链接"提供了保障，将学校教学系统与企业生产流程结合，通过专业链、课业链、能力链解决校企合作的难题。实现了"车间即教室，师傅即教师，工人即学生"的模式转换。从专业调整和课程重组及教学更新的方方面面开展系统化的教育教学改革。

（三）构建"三三制"人才培养模式

依托校企一体化的办学平台，几年来，学院逐步形成了高技能人才培养的"三三制"人才培养模式。这一培养模式的内涵是三种模式、三种能力和三个证书，具体地讲就是以提高高技能人才培养质量为目标，通过校企一体的办学模式、产教一体的教学模式和学做一体的学习模式，着力培养学生的专业核心能力、岗位迁移能力和可持续发展能力，最后使学生获得毕业证书、职业资格证书和顶岗工作经历证书。

三、基于校企一体化专业建设的质量保障与评价

经过连续几年的快速扩张之后，我国高等职业教育已从量的扩张逐步转移到质的提高的轨道上来。近年来，我国高等教育的教学质量成了人们关注的焦点。以校企一体、产教融合的专业建设为轴线，以事业链与专业链的对接为节点，围绕教学质量与评价逐步展开更高水平与更深层次的探索和改革。

（一）基于校企一体专业建设的质量保障体系

与一般专业建设质量保障体系不同，校企一体化专业建设必须考虑合作多方的责任共担、利益共赢，并依此确定各自评价的关键要素。形成由决策指挥系统、管理执行系统、监督评估系统、教学资源保障系统、教学信息反馈系统和宣传激励与教学仲裁系统等七大系统组成的，以六位一体专业导学群为架构的专业建设质量保障体系，其中，每一子系统都由学校、企业、学生和学生家长等多主体成员组成，各子系统分工明确，协同配合。

1. 质量保障体系的构建特点

（1）目的性

制定专业质量保障体系，深入落实以生为本的育人理念，以提高人才培养重量、服务学生成长为主要目的。具体地讲，就是专业建设中专业的定位、培养层次、课程体系及教学内容必须与学院定位相一致，与社会需求相匹配，与行业发展相兼顾。

所以，构建专业建设质量保障体系时要检验专业建设是否能达到预期的目

标，与传统专业建设不同的是，还要检验是否实现了校企双赢，以保障合作的长效性和专业内涵建设的持续性。

（2）可操作性

构建专业建设质量保障体系的目的是监督和保障专业建设，使之按照一定的流程和操作规范执行，以保证校企合作多方开展教学性生产和生产性教学。因此，在构建专业建设质量保障体系时一定要保持与实际的建设过程一致，以便运行。

（3）监督性

从高校专业建设质量保障体系现状看，由于缺乏监督性，保障体系落实不够，效果不好。所以，形成全方位的闭环保障系统后，在运行的同时加以纠偏很重要。

（4）稳定性

专业建设质量是一项长期的系统工程，需要校企一体的专业建设多方长期贯彻质量方针，切实做好各项工作。这就要求专业建设质量保障体系中的指标及内涵在一定时间内保持不变。

2. 基于专业导学群的六位一体专业建设保障体系构建

坚持以生为本的理念，学院构建了基于专业"导学群"的专业建设质量保障体系，同时配合以一年一度的学院专业评估，加强专业建设质量保障。

（1）"导学群"教学服务体系的提出

学习对象本身特性决定需要提供全方位的教学服务。高职学生本身自主学习、自我管理能力相对薄弱。特别是在互联网技术飞速发展的今天，各类网络诱惑越来越多。近年来，从学生座谈会及调研可见，学生在"希望的学习之帮助需求"中所提出的绝大多数内容属于课程学习以外的需求。

在用人需求上，需要为学生提供全方位的学习服务。在以创新为主题的当今，培养跨专业复合型人才，以及学生的创新思维、创新意识和创新能力将是教学改革的关键。为此，要更加重视学生第二课堂及课外拓展的指导与帮扶。

在教学管理上，需要为学生提供全方位的指导服务。增加学生学习的自主权是"省教育厅课堂教学创新行动计划"的重点之一，自主权包括为学生提供自主选择专业机会，增加学生自主选择课程、自主选择老师的机会。这些选择需要为学生提供良好的指导服务。

现代教育理念的落实需要为学生提供全方位的"导学"服务。教育的核心是教学，现代教学要体现以学生为主体，以教师为主导的理念，在加强课堂教学管理指导的同时，不能忽略信息社会的特点，因其学习资源种类繁多、途径繁多，如何选择学习资源，如何应用网络技术，也必须由专业化的队伍指导。所以，在网络环境下，"教"与"导"的分工越来越明晰，"教"应该更侧重众多资源的输送，"导"应该是服务主体围绕教学资源全面落实而采取的诸多服务方法和手段的总和。

如何更好地做好学生服务，特别是课外学习、个性张扬等方面的服务，如何充分利用互联网的平台优势，在学生指导与服务方面实现全方位、多途径、线上线下互动、实时与非实时结合，应该是未来课堂教学创新行动计划落实的关键因素。

（2）"导学群"的构建及运行

"导学群"必然是一个多角色一体化的运行组织，存在其工作机制及沟通协作的诸多困难。为全员师生、合作企业相关人员开通了个人空间，为各专业搭建了专业机构平台，借助学院世界大学城教育云平台，专业导学群实现了线上与线下相结合的运行模式。一方面，在大学城平台上以专业、课程为单位开设平台和空间，专业或课程负责人作为平台（空间）的负责人，将导学群的各类人员及学生组织起来，进行线上沟通、交流和辅导，开展导学群活动；另一方面，组织实质性的导学群例会活动，及时发现问题、解决问题，为学生学习提供指导服务。

（3）"导学群"的组成

横向是专业（群）制，开展专业内部服务，一个专业一个群。

纵向是层级制，分为学院级、分院级、专业级。每一层级的职能各不相同，但均围绕导学活动开展服务，一层服务一层，一层带动一层。

六位一体的组织。每个专业的导学群采取组长负责制，组长为专业带头人，成员包括专业教师、辅导员（或班主任）、教学管理员（或教学助理、秘书）、教学资源（含技术）服务员（一般由专业教师兼任）及教学对象，负责为学生拓展学习收集或整合学习资源。六位一体职能互补、分工协作，整体解决学生学习的全部需求。

（4）"导学群"的运行

体现线上、线下结合的学院课堂教学改革创新的特点，导学群的运行需采取以下两种方式。

①线下例会制教研活动。将每周两次教师坐班确定为专业导学群活动时间，开展线下实质性的集体活动。

②线上虚拟导学活动。充分利用世界大学城教育云平台，建立专业导学群

平台和课程导学群空间，专业导学群平台由本专业各课程导学群空间组成，根据专业问题或课程问题分别为学生提供服务。

专业导学群平台由专业负责人负责，将所属课程、导学群成员和本专业学生整合在一起，并负责开展导学活动；六位一体的成员各司其职，切实解决本专业学生自主学习、素质拓展和职业规划等所需。

课程导学群空间由课程负责人负责，将与本课程相关的成员及学生组织起来开展导学活动，切实解决本课程学习中的学生所需。

（二）一年一度的院级专业评估

从 2010 年开始，为了构建有序的专业调整和退出机制，激发学院办学活力，学院坚持"以评促建、以评促管、以评促改"为原则，启动了一年一度的专业评估，对专业建设工作起到了很好的促进作用。

学院专业评估构建每年一轮的长效机制，每年 3 月开展学院专业评估工作。

评估对象：学院对全院所有开设 3 年及以上的专业进行年度评估。

评估主体：评估以专业为单位进行，对于有多个专业方向的专业，可在专业评估材料中分方向佐证。

组织机构：学院成立以教学主管院长为组长，教务处、学生处、科研处和人力资源部等部门负责人为副组长的专业评估领导小组，全面负责评估工作，负责评估方案的制定与适时调整，评估工作的组织，评估结果的公示和认定等工作。领导小组办公室设在教务处。

各分院（系）成立专业评估工作小组，由分院（系）负责人、教研室主任和专业带头人等组成。主要职责是根据学院方案组织本部门专业评估。

评估内容及指标体系：基于构建长效性的学院专业评估机制，评估要客观公正、求真务实、讲求效率，采取定量与定性相结合的指标结构，强化数据支撑，简化评估程序和工作量。

评估组织方式：评估采取各院（系）自评与学院评估相结合的方式。其中，学院评估采取分工与合作相结合的方式。整体工作由教务处牵头组织，学生处、党院办（人力）和校企合作办等配合组织此项工作，学院学术委员会、院督导指导和参与。

评估结论及整改：学院专业评估着力构建长效性的评估机制，旨在通过评估激发活力，提高学院专业建设的针对性。评估结论在给出专业等级和排名的同时，应客观公正地提出专业存在的问题及后续建设的意见和建议。反馈的意见和建议需要经过学院学术委员会指导评议，以提高专业建设的针对性和明确专业后续建设的方向。各专业需根据评估结论制定相应的整改方案并组织落实，其整改效果将作为下一年度专业评估考察内容之一。

评估结论的应用：学院以专业为单位，根据评估等级发放专业建设奖励经费，评估结论也是学院分配招生名额的依据。更重要的是，专业评估结束后对每个专业的反馈意见将是专业后续建设和重点整改的重要依据。

第二节　新时代高职院校产教融合的课程建设

一、基于产教融合的高职课程建设的理论研究

在校企一体高职教育流程框架指导下，各学院以工学结合为特征的高技能人才培养模式已逐步形成，学院发展方向、办学定位及办学特色已逐步明晰。针对如何深化改革、做好细节，学院将加强课程建设和课堂教学创新作为新一轮改革的重要抓手，决心用新一轮改革促进新一轮发展，努力凝练产教融合、校企一体办学的高职范式。

（一）"三业"中的"链"机理

高等职业教育以培养高技能专门人才为己任，其专门人才的特定性是由社会具体行业的人才需要所决定的，而承载和实施人才培养的基地就是学校分门别类的专业。

行业、专业与学业，如果从社会角度看，三者似有联系而又非必然联系，有联系是因为"业"者为共生之根，其共性有相通之源；非必然联系是因"三业"各有所指，界属别类，自成系统。但是，将"三业"植入高职教育范畴，"业"之根则成为"三业"激活维系的灵魂。

横向看，"三业"的内涵拓展都是一个有机的、环环相扣的系统，呈现出明显的"链"状特征。纵向看，"三业"的"系统链"之间都有密切的联系，因行业的系统分化，行业内具体的产业流程所需人才，以及技术的专门性和特定性，是高职院校专业设置或专业培养方向确定的重要依据。

（二）"三业"融通

"三业"融通既有机制上的因素又有观念上的问题，要推动高职教育新一轮的改革，绝不能回避这些问题。

通过分析高职"三业"内在联系的核心要素就会发现，"三业"之所以能

构成一个关系体,是以"高技能人才"为载体促成的。"专业"的育人,"学业"的成人,"行业"的用人,将学校与社会紧紧地联系在了一起。按照相互关系及功能作用,高技能人才既是"三业"联系的载体,也是"三业"相互作用的结果。

(三)"三业"职能的发挥

高职教育基于高技能人才培养为中心的"三业"关系,表明高技能人才既是一种结果,也是一种过程。"三业"两两交互,彼此互为条件、相互依存、相互作用。如以"行业"为起点,顺应的层级关系表现为"专业"与"学业"。

社会视角下行业生产需要什么样的技能人才、行业发展需要储备什么样的人才,决定着高职院校开设什么样的专业及专业方向,决定着具体的人才培养方向、规格及教育教学活动的组织。它们间的相关度、绩效率如何,总会通过核心层的高技能人才的质量认同得以反馈,它们相互应然。依此推论,无论是以"专业"或以"学业"为始点,这种关系依然明显。要维系这些机制正常运行,关键还取决于"三业"各自职能的发挥及互相关系的协调。

"行业"与"专业""学业"的关系是通过"产业链"拓展并以专业人才培养及专业技术服务"联姻"的,因为"产业链"包容着基础产业环节、技术研发环节和市场拓展环节等三大环节,它促成了行业内不同产业的企业之间的关联,真实反映了各产业中企业之间的供给与需求关系,同时也为高职院校的专业体系建立及专业方向集群、学业课程体系的设置提供了重要依据。

二、基于产教融合的高职课程教学创新

浙江工贸职业技术学院之所以能够做到特色办学,主要有以下几点经验。

(一)依托园区企业,实现产教融合的教学模式

学院三园区、一基地的开发实训平台是学园城协同办学生态园的独特资源,也是学院实施校企一体、产教融合的有力支撑,依托这些宝贵资源,学院课程建设和教学模式改革成效显著,形成了多种模式的课堂生态。

1. 依托省级服务外包示范园

学院计算机专业针对学生学习兴趣不高、就业方向模糊等现状,于2009年依托省级服务外包示范园,注册了相关科技网络公司,该公司主要进行移动互联软件的开发。依托科技网络公司,计算机应用专业,从第三学期开始,根据学生自愿报名、面试选拔,以及为期两周入室前集训等环节组成了"教改班"。

"教改班"重在专业方向分流的定向培养,旨在面向网页美工和 NET 程序设计师两个岗位培养具有实践经验的高技能人才。

(1) 培养模式

采取半工半读的模式培养,每天 8 小时工作制,签到打卡。其中,半天上课,其余以"导师制"的方式,在工作室接受客户委托,从事真实项目开发。每位指导教师负责 4~6 位学生,课程教学内容就在项目开发中完成,课堂教学场地就是公司项目开发室。学生分为美工组、系统设计组和测试组等,岗位目标明确,学做合一。考核成绩由平时成绩和项目完成评定成绩组成。

(2) 管理创新

对学生的考核方式灵活多样,而且采取了学分替换、课程免修的弹性学分制管理办法。以真实项目为载体,实施学分制管理有利于分层次、分岗位的定向培养,极大地增加了学生学习的自主性,很好地落实了以生为本的教育理念。

另外,相关教师也采取了"教学科研型"管理评价,在减少教师教学工作任务的同时,确保不会因改革让教师利益受损。学院支持工作室利用项目经费留用优秀的毕业生等,从机制上保证了改革的可持续性。

(3) 改革成效

这种培养模式通过项目载体使学生体验了真实的企业环境、企业文化和企业压力。不但提高了学生的专业技能,而且有利于学生职业素养的培养。自 2009 年以来,每年培养的 40 名学生都被当地龙头企业一抢而空,并且起薪工资均高于本科生水平。

2. 依托知识产权服务园

(1) 培养模式

基于校企一体的"专业背景+职业培训"知识产权人才培养模式,即学生在经过两年专业学习以后,第三年的第一个学期集中学习知识产权知识和进行实战性的工作,学习结束经考试合格,学生所学课程学分与原来专业要求的学分互换,获得由温州市知识产权局颁发,且被当地企业高度认可的上岗证专利从业资格证书。

(2) 改革成效

一是学生高水平就业。通过该方式培养的三届学生共 142 名,因具有工科类专业功底和知识产权法律法规知识,特别是有实际专利申报、商标注册等维权的操作技能,很受企业的欢迎。

二是探索了高职复合型人才培养途径。在已有改革的基础上,为把握知识产权高技能人才培养的先机,在温州市政府的支持下,学院与上海大学知识产权学院合作成立了温州市知识产权学院,开设了知识产权管理专业,这是国内唯一的于高职层次开设此专业的院校,学生的工科背景和实战技能深受企业青睐。

三是推动了企业发展。如温州瓯越专利代理有限公司,自从入驻以来,代理专利增长率达到了60%。北京连城资产评估有限公司温州分公司,在成立短短两年半的时间内,促成发放质押贷款9057万元,占浙江省总业务量的2/3。这在总公司的发展业绩表上都是少见的,公司认为主要原因是园区的环境、氛围和集群式发展模式给予了其有力的支撑。

(二)依托政府,优化课程内容,创新基于项目的通识教育课程

为进一步深化高等职业教育发展综合改革,促进高职院校通识教育发展,加强对通识教育工作的指导,充分发挥通识教育在高技能人才培养中的作用,提高高职学生的综合素质和学习能力,浙江工贸职业技术学院牵头成立了温州市高职院校通识教育指导委员会(简称"教指委"),学院院长担任常务副主任,教指委办公室设立在经济管理学院,教指委成员由温州各高职院校共同组成。成立以来,教指委开展了系统的研究,并在学院高职在校生中开展试点实践。

本次研究,以学生成长为本,以"大通识""小通识"为特色,形成了相应的课程体系和实践教学教材体系。

"大通识"与"小通识"的概念界定。"大通识"主要是指面向全校学生开设的公共课程,如思政、中文、外语、心理健康、音体美等学科课程,重在与大学生相匹配的公民化人文文化素质的提升。"小通识"是以专业大类为基础、提升专业基本素质、面向大类专业学生的课程,重在职业人文文化素质的提升,按课程的逻辑关系,"小通识"课程是"大通识"课程在专业教育中"软"职业素质的延伸、拓展和补充。

"一院三中心"的通识教育架构。通识教育是终身教育的重要组成部分。高职通识教育是终身职业教育的一个阶段。针对高职教育的特殊性,学院通识教育研究院下设三个中心,即人与人文通识教育中心,主要关注和实施社会科学范畴的人文科学教育;科学与生活通识教育中心,主要关注和实施自然科学范畴的教育;职业与素养通识教育中心,主要关注和实施以职业大类为对象的人文教育。目前,学院的通识教育已经全面展开。

（三）创新机制，不拘一格优化课程，创新课堂

2012 年教育部印发的《教育信息化十年发展规划（2011—2020 年）》着重强调教育信息化建设要坚持信息技术与教育教学深度融合的核心理念；要坚持应用导向和机制创新，意味着未来高校信息化建设的建设机制、建设目标、推动主体、评价指标等都需发生一系列的变化。浙江工贸职业技术学院着力建设具有一流网络设施和高档终端设备的数字化校园，在数字化校园建设之初，学院就确立了要最大限度地发挥数字化校园在人才培养中的作用。采用了自建与引进相结合的方式，使数字化校园建设与教育教学改革相结合。依托数字化校园建设的真实项目，使相关专业优化了课程内容，创新了教学模式，取得了事半功倍的效果。

数字化校园建设是一项集网络技术、计算机技术、教育信息化技术、软件技术和物联网技术等为一体的系统工程，建设过程本身就是一个学生实践的过程。学院的数字化校园建设与计算机网络、软件技术和电子信息工程等专业的教学改革和人才培养过程相结合。

此外，还成立了电子信息研究院，在数字化校园建设过程中，主动承接了学院的多款信息化管理系统的研究工作，不仅节约了数字化校园建设的成本，更重要的是给学生提供了真刀真枪的实践机会，使学生在真实的企业环境中，以真实的身份完成真实的任务，感受真实的企业氛围，分享真实的经验和成果，提高了学生的学习兴趣。

在网络专业和软件技术专业依托数字化校园建设的改革取得一定成效的基础上，学院电子信息工程专业也及时把握机会，开始了与数字化校园建设相结合的改革，主动承担了学院"基于物联网的大宗设备管理系统的研究与开发"项目，把项目内容引入现代传感技术等课程的教学之中，教学效果明显提高。

（四）围绕专业特点，做好实训室的拓展

实训室是培养高职学生实践技能和创新能力的重要场所，学院积极探索与实践开放实训室的建设。

1. 开放实训室内涵与开放情况

我们定义的"开放实训室"是指学校现有的各级各类实训室，在完成教学计划规定的实训教学任务和师生科研任务的前提下，利用实训室现有师资、设备和场地等条件，面向学院全体学生全面开放使用的实训室。目的是把学校优质的实训资源利用课余时间向全院各专业学生（包括非专业学生）开放使用，

让学生根据兴趣爱好选择实训项目，激发学生学习的积极性和自主性，从而培养学生的创新能力和实践技能。

2. 构建开放性项目化分层实训教学模式

为充分挖掘开放实训室的功能，针对不同专业、不同特点的学生群体，学院构建了开放性项目化分层实训教学模式。结合分院专业特色，根据实训室现有资源情况，选择专业特色、实用的内容作为专业创新实训项目，培养学生的实践能力和技术技能。

①院系特色项目型。该类型开放实训项目主要面向全院不同专业、不同层次的学生，学生可以结合个人兴趣爱好选修开放实训项目。

②技能竞赛训练型。该类型实训项目主要面向特定专业的优秀学生。

③文科类工程训练型。该类型实训项目主要面向人文专业、经贸专业和管理专业等文科类专业学生。

④学生社团活动型。该类型实训项目主要针对社团的全体学生。

⑤学生科研项目型。该类型实训项目主要面向全院有特长、兴趣爱好的学生。

⑥电子信息创新型。该类型实训项目主要面向全院专业技能较强的学生。

3. 在假设中前进，在前进中探索

开放实训室是一种新的尝试，没有现成的经验。学院开拓创新，大胆尝试，初步探索了一些可借鉴推广的经验。

科研项目类则通过学生申请"学生科研项目"，以科研项目为载体，进入开放实训室开展收集资料、研究和发明等科研实践活动，培养学生发现问题、解决问题，以及沟通交流、团队协作等能力，促进创新性科研思维的形成。技术服务项目，则通过让学生进入学院各类技术研发中心，参与教师的技术服务项目，在教师的指导下以校企合作实战项目为依托，以完成产品开发为目的，开展各类技术服务工作，从而培养学生的专业技能和创新能力。

三、基于产教融合的高职课程建设的评价及成效

（一）高职校企一体化课程教学的评价机制及评价体系

1. 评价机制

在校企一体化流程中，企业生产绩效的评价因产品的有形和可量，质与量的把控相对较为容易。而在学校层面，教育绩效的隐含性和缺乏直观物化的可

比性使教育评价复杂而困难增多，在此重点做一些分析。

依据学校与企业以育人为目的、教学为纽带所结成的"一体化"，功能和内容的分割有不同要求。

校企一体化教学流程体系，是基于教育性和生产性的功能目的建立的，依据"教学共担，生产共责"的原则，形成以"校企一体化"为主体，以"教学性生产"和"生产性教学"为"两翼"的核心层。

2. 评价体系

与一般教学评价不同，校企一体化教学评价必须考虑"教学性"与"生产性"两大特性，并依此确定各自评价的关键要素。总体上，校企一体化教学评价是多元评价，评价主体包括教师、学生和企业师傅，是一个相对独立、完整的合成评价系统。

（二）高职校企一体化课程教学评价的实践及效果

鉴于校企一体、产教融合课程与课堂教学模式的多元化，其评价方式也是多样的。例如，动漫设计与制作专业与温州报业集团开发运营了温州动漫网络，而且在动漫网上设置了"工贸专区"，学生综合实践课程的作品要在温州动漫网络的"工贸专区"中发布，作品的点击率就是该课程成绩评定的重要依据；涉外旅游专业受温州市旅游局的委托编写温州景点解说词，其被采纳情况即作为"旅游综合实践"课程成绩加分的重要依据；酒店管理专业的学生承接"温州天一角连锁小吃店"所有地名的多语种翻译，其质量即作为专业英语课程成绩评定的依据等。

第三节　新时代高职院校产教融合的师资队伍建设

一、高职院校师资培养现状分析

专业是高职院校人才培养的载体和平台，专业建设是高等职业院校的核心工作。专业建设的核心是师资队伍建设，师资队伍建设的目的是专业发展，两者相辅相成。因此，在师资队伍建设中必须树立"队伍建设服务专业建设、专业建设促进队伍建设"的思想，形成按专业建设主线有序配置师资队伍资源的共识，建立起分层次分重点、共同目标共同投入的人才引进和培养机制；全面实施"以人为本，人才兴校"的发展战略，创新师资管理模式，建立有利于优秀人才成长和施展才华的运行机制，改善和优化师资队伍结构，努力开创师资队伍建设新局面。

经过多年的努力，高职院校在教师队伍建设方面已取得了很大的成效，为高职教育的进一步发展奠定了较好的基础，但仍然不能完全适应高职教育改革发展的要求，还面临着不少的矛盾和困难，存在着一些亟须解决的问题。

（一）高职院校师资队伍建设存在的问题

1. 师资队伍结构不能适应人才培养的新要求

高职院校师资队伍结构主要表现在教师的年龄、学科、职称等方面，它直接反映出教师队伍的质量、能力和学术水平等基本状况，是高职院校师资队伍中可量化的要素。高职院校师资结构的合理性是反映高职院校教师队伍的质量和适应高职教育需要能力的重要标准，它影响着高职院校的教学与科研的整体质量。我国高职院校师资队伍不但总体数量较为匮乏，并且在结构上也需要优化。

目前从整体情况来看，高职院校教师队伍的结构在年龄、专业、职称分布和师资数量上都存在着不平衡性。

（1）从年龄结构看

目前我国高职院校教师结构老、中、青的数量比呈现出"金字塔"形，这很不利于教师的新老交替。

（2）从专业结构看

由于我国高校学科划分过细，造成高校教师知识面较窄，从而无法承担跨专业的教学工作，不能满足高职教育发展的需要。此外，由于新增专业和部分老教师的退休，高水平拔尖人才的带头人和骨干教师不能适应专业的发展，造成专业梯队、科研团队数量少，部分专业整体教学、科研实力较弱，影响了师资队伍创新能力的提高。

（3）从职称结构上看

全国各高职院校中高级职称教师占教师总量30%左右，中级职称教师占25%左右，助教及见习教师占45%左右。高级职称教师比例尚可，中级职称教师比例明显偏小，初级职称教师比例过大。

（4）从师资数量上看

师资总量相对不足，使教师不得不疲于应付教学工作而影响了教学质量的稳步提高和教师创新能力的培养。

2. 年轻教师实践技能滞后

随着高职院校办学规格的提升，师资队伍的组成和来源发生了很大的变化，越来越多学历层次高的青年教师从学校毕业直接加入到教师队伍中来。他们的知识结构较新，专业理论水平相对较强，但实践技能薄弱，不能很好地胜任教学工作。

此外，我国高校与企业的联系不是很紧密，教师在校学习期间与所学专业依托的行业或企业的联系并不多。尤其是随着企业技术进步、产品更新速度的加快，教师与企业技术人员的交流和互动有限，直接影响了教师实践能力的培养和提高。

3. 教师教育创新的思想和活力不强

高职院校教师由于受到传统教育观念、自身能力等各种因素的制约，创新的教育思想和活力不强。主要表现在以下几方面。

①对学生采用灌输式教学，衡量教学效果主要看学生对知识掌握的程度，重视基础知识的传授，轻视对学生学习兴趣、思维活力和创新精神的培养。

②按照统一的标准和要求教学，只重视学生的同一性和规范性，忽视了学生的多样性差别，缺少对学生主体性和个性化的充分认识，对学生的新思维和创新能力的培养力度不够，教学内容陈旧，教学方法不够合理。

③由于教师课程负担较重、创新训练不够和参与科研项目较少，造成师资队伍整体创新能力不强。

4. 高水平的外聘教师难请，对兼职教师缺乏有效的管理

高等职业院校教师队伍建设要适应人才培养模式改革的需要，必须大量聘请行业、企业的专业人才和能工巧匠到学校担任兼职教师，逐步加大兼职教师的比例，逐步形成实践技能课程主要由具有相应高技能水平的兼职教师讲授的机制。与此要求相比，高职院校外聘的兼职教师质量总体不高，而且主要承担的还是理论教学，没有充分发挥兼职教师在指导实际操作技能方面的作用，也没有对他们制定出相应的规范制度，难以对他们进行有效的管理。

（二）高职院校师资培养的对策

1. 注重高职院校自身教师培养机制建设

高职院校应探索建立适合自身特点的教师培养培训体系，将职前培训、入职培训和职后培训进行有机的统一，采取灵活多样的培训形式，为教师各项业务能力的提高提供有利的平台和广阔的发展空间。高职院校应根据教师专业发

展不同阶段的要求，把教师的职前培养、入职教育和职后培训作为一个连续的、统一的、终身化的发展过程来看待。

职前培养重在基础，入职教育重在适应，职后培训重在提高，要在终身学习理念和资源共享原则的指导下，实现在不同阶段上不同教师教育培训机构之间的衔接、整合与重组，促进教师在整个职业生涯中不断提高专业化水平，从而建立完善的教师培养培训体系。将教师教育作为一个专业、系统、连续的培养培训过程，这是探索新时期教师教育改革的一个突破口。

2. 搭建高职院校师资培养平台

要建立师资培训的组织机构和专家队伍，需要做到以下几点。

①以精品专业和核心课程体系建设为抓手，加大培养专业带头人和骨干教师的力度，努力打造优秀的教学团队。这是实现高职院校师资自身培养效果和提高教学水平的关键。

②要注重强化实践技能，培养"双师"素质教师。努力提高教师的实践教学能力，制定相应的鼓励政策，完善管理，要求专业教师尤其是青年教师每隔一两年到企业一线挂职，实践一定时间，丰富教师的实际工作能力；资助教师参与产学研基地的技术服务或应用技术研究，培养教师的科研能力；要求并鼓励教师拿到国家劳动部门认可的中高级技术等级证书，不具备"双师"素质的教师不得承担专业课程的教学和指导学生的实践教学。

③还要规范兼职教师的管理与队伍建设。建立外聘兼职教师档案，完善兼职教师考核制度，进一步推进兼职教师的聘任和管理制度化、规范化。扩大兼职教师比例，逐步形成实践技能课程主要由具有相应高技能水平的兼职教师讲授机制，学生在校外实习或顶岗实习过程中，主要依靠兼职教师指导。

3. 依托国内名校加强师资队伍的培养

知名高校的优质教学资源对高职院校的师资队伍建设具有十分重要意义，借力于它，可以对高职院校师资培养发挥不可或缺的作用。

①知名高校拥有一批具有良好的理论教学水平和科研开发能力的教授和专家，这是开展高职院校专业师资培养的重要力量。

②知名高校具有悠久的办学历史和文化底蕴，有比较成熟的教学管理、学生管理和师资管理经验，学习借鉴知名高校的这些有益经验，是高职院校提高教学管理队伍水平、提升办学能力的一个有效途径。

③知名高校拥有良好的科研机构、科研设施和科研开发能力，这是高职院校开展"院校合作"，提高专业师资的技术研发能力，培养"双师"素质教师的重要保障。

4. 加强优秀人才的引进

要大力加强人才引进的力度，吸引高层次人才加盟学校，尤其要围绕专业和团队建设，注重引进高层次领军人才、具有海外工作背景和博士学历的人才，促进多学科融合交叉，增强师资队伍整体创新意识。聘请大师级人物对专业建设和人才培养进行指导，必要时可采取"柔性引进人才"机制，坚持"不求所有，但求所用"的理念，尽快提高专业带头人和人才梯队建设。

同时，要积极引进有行业、企业工作经历的专业人才，加大兼职教师队伍建设力度，努力聘请各行各业的能工巧匠和专业技术人才担任兼职教师，从而构建一支高质量的双师结构教学团队，提高师资队伍建设的整体水平。

5. 实行开放式师资队伍的培养与交流

我国要建设的是具有中国特色的社会主义市场经济体制。在市场经济体制下，人力资源也日益市场化，因而高校教师的合理流动也就成为一种必然的趋势。高职院校应紧紧抓住机遇，充分运用市场竞争机制，优化教师资源配置。

①提倡和鼓励教师跨校供职、任课，与企业、科研院所、工程技术单位和管理部门专门人才双向兼职，建立学校之间、学校与其他单位之间人才共享机制。本着"不求所有，但求所用"的师资管理新理念，通过有长期、有短期、有特聘、有客座和有兼职等"软引进"形式，实现人才智力、资源的柔性流动。

②利用校企合作平台，与企业建立教师培养机制，加强对产学研的指导，使专业带头人、教学团队和企业结成战略联盟，使双方优势互补，实现双赢。一方面，每年定期选派中青年教师下企业锻炼，参与工程实践和科学研究；另一方面聘请企业资深技术专家授课、讲学和交流，增强教师工程实践能力。鼓励教师多层次、宽领域、全方位地参与国内外科技合作与交流，增强教师的创新能力。

③选派中青年骨干教师参加国内外学术交流和培训研修。为教师提供出国进修、参加国际会议的机会，让教师最大限度地获取前沿学科知识，学习先进的教育思想、教学方法和技术，更新理念，提高业务能力和科研水平。加大国际合作交流力度，邀请国外知名高校学者授课、讲学和交流，提高教学团队的国际化水平。

二、师资队伍建设的研究与实践

针对目前高职院校教师建设存在的问题及对策分析，浙江工贸职业技术学院依托学园城协同育人平台，以机制创新为切入点，在全方位培养教师专业实践能力培养及激发教师活力等方面进行了有益的尝试。

(一)创新构建"双岗、双薪、双师"教师队伍管理机制

具体来讲,就是为培养双师素质教师,特别是为提高年轻教师的专业实践能力,发挥学园城联动办学的优势,挖掘各方资源,教师可以有双重岗位、双重收入,真正成就双师素质。其中,"双师"指既是学院的老师,又可以是企业的工程师,是真正意义的双师型教师;"双薪"指既可以有代课的薪酬,又可以有企业项目开发的薪酬;"双岗"指既可以是学院教师岗,又可以是园区企业的工程技术岗。

(二)"双岗、双薪、双师"教师队伍管理机制的实践探索

实践中,学院通过制度创新和管理创新保障了双师队伍的建设,发挥了学园城办学的优势。

1.依托园区企业,教师开展实质性的技能提升

依托于学院三大园区的电子信息研究院,以真实项目为载体,让专业教师和学生通过完成真实项目提高技能,不但有利于教学模式创新,而且也是教师自我成长团队建设的重要途径。例如,电子系余老师,从2009年开始,随电子系教师团队入驻电子信息研究院——电子产品工作室,教学能力和科研水平快速提升,并于2012年被评为省级优秀教师,是浙江省优秀教师中唯一的中级职称老师。

学院的岗位设置有教师岗位和科研岗位,教师可以自愿申请"教师科研岗位",该岗位教师需要完成的教学工作量比专业教师少,需要完成的科研工作量比专职科研人员少。余老师入驻电子信息研究院后,申请转为"教师科研岗",在系部他是专职教师,在研究院他是项目工程师,其收入也是"双薪",每天除上课外,都在园区工作室与团队师生开发项目。

近年来研发团队开发了按摩椅控制系统、招飞视力检查仪、Wi-Fi物联网报警器、智能视力检查仪、地掷球比赛计分系统、眼底荧光造影机同步采集控制装置、足浴店点钟系统和大功率无线照明控制系统等企业横向项目。几年的实践,项目团队不但完成了一批有实用价值的应用型项目,为企业创造产值100余万元,而且余老师还把项目内容引入了教学过程中,教学深受欢迎。在横向课题的研发过程中,让学生参与到项目的实际研发中,使学生的专业技能得到了很大的提高。他指导的学生在2009年及2011年两届全国大学生电子设计竞赛中均获得了一等奖的好成绩。

依托园区的"双师、双薪、双岗"教师培养机制创新,需要有相关的管理

创新和制度创新为之保驾护航；还要有配套的教学管理创新，以最大限度地发挥项目研究的效应，学院教学管理推行学分制、学分替换、课程免修等举措，确保科研与教学的深度结合。

2. 依托地方政府，通过挂职锻炼提高综合能力

为了适应专业建设和教学创新需要，改善教师自身单一的知识结构，提高教育教学水平，进一步提高专业社会服务水平，发挥高校人才库和智力源的作用，近年来，借助学园城一体化办学的优势，学院共派出12名专业教师到对口的政府部门挂职锻炼。例如，旅游管理专业的周老师，2014年在自愿申请后，被派到温州市委市政府接待办接待一处，挂职一年，任副处长一职。

周老师在市接待办的接待工作主要是公务接待，接待厅级以上来宾，并为市级层面各项会议提供吃、住、考察、会见和会谈等后勤接待工作，同时，为市领导到外地考察学习提供后勤保障。接待工作与旅游接待性质相同、程序相近，业务知识与周老师的教学专业（旅游管理）相通。2014年2月到10月，共接待36批来宾，934人次，警卫任务2次，大型会议3批，部级以上7批，厅级以上25批。期间完成了一项关于接待酒店执行公务人员住宿费用报销制度调研工作，完成了一项对接待工作流程的制作与修改工作，完成了一项政研室课题。

学校虽然是知识的海洋，同时也是象牙塔，接触的人与事非常单一，造成了教师视野的局限性。通过挂职锻炼，教师走出校门，与社会、行业、企业密切接触，用心感受不一样的人和事，开阔了视野，增加了知识面。通过挂职锻炼深入社会、行业和企业一线，真正了解社会、行业和企业需要什么样的人才，根据需求优化所授课程的教学内容，根据技能特点，创新所授课程的教学模式，使课程改革取得实质性成效。

从学校毕业到学校教学的老师，普遍存在实践经验不足、案例不丰富、讲解缺乏趣味性和教学缺乏创新等问题。通过挂职锻炼，丰富了教师的人生阅历，丰富了实战经验，丰富了课堂案例，使得课堂变得风趣。同时，将鲜活的案例及丰富的经验融入教学，为课堂创新提供了支持，使课堂增添了活力。也正是得益于此，周老师在学院组织的说课比赛中获得了第一名，在杭钢集团青年岗位技能大赛中获得了说课比赛第二名。

3. 依托知名高校合作，带动师资队伍建设

材料工程系自2009年建系以来，重视教师团队的建设，柔性引进了知名大学专家——天津大学的激光专家姚建铨院士，以材料技术研究中心为平台，

以科研项目为载体，在专家的带领下，促进教学、服务教学，开展产学研合作课题，培养教师的专业技能，取得了一定成效。

合作中，姚建铨院士团队的老师长期入驻学院进行指导，姚院士本人也每年至少有两个时段来进行项目指导、教学指导，还不定期地开展前沿知识讲座，带领团队成员外出参加国际会议，对教师队伍建设进行指导及培训。由于知名高校顶级专家团队的指导，材料工程系的专业建设和教师团队在业界都有较好的影响力。2013年材料工程系牵头组织了"温州激光应用暨3D打印技术研讨会"，姚院士亲临指导并做了主题报告，落户学院的院士工作站还参展了中国(温州)国际工业博览会，参展的"激光熔覆3D成型技术"等专利受到了企业的关注，科技成果转化效果良好。该专业已成为名副其实的温州建设国际级光机电产业集群项目的人才支撑。

在知名高校、业界专家的带领下，材料工程系的教师队伍建设成效显著，教师参与科研项目20余项，获得经费资助200余万元；开展了3项激光技术的研究开发，获得项目经费和成果转化经费共47万元；申请专利30余项，实现6项转让，合同额30余万元；教师发表论文50篇以上；该团队被评为温州市重点科技创新团队，获得资助90万元。

4. 借助国家师资培训项目，提升教师能力

为了加快"双师型"教师队伍建设，切实提高高技能人才培养质量，近年来，浙江省教育厅把访问工程师计划作为高职高专院校教师素质提升的重点项目，也把该计划作为高职院校教师职称评审的重要依据。省教育厅提倡高职高专院校教师以参加访问工程师计划为主，访问工程师分A类和B类两种。A类访问学者为教育部高等学校青年骨干教师国内访问学者，每人每学年资助5000元，学校予以配套。B类访问学者（访问工程师）为浙江省高等学校国内访问学者（访问工程师），每人每学年资助1万元，经费由学校从师资队伍建设经费中统筹。例如，学院车辆工程专业的贾老师2013年被学院推选为B类访问工程师，2014年被省教育厅评为优秀访问工程师。

贾老师的主要研究项目是"汽车磁流变半主动悬架控制"，培养期内，他深入企业与企业技术人员一起开展汽车磁流变减振器半主动悬架的新产品攻关研究，研究内容涉及磁流变液流变特性、结构设计与数学模型、磁路三维有限元仿真设计、内部流场分析、最优控制策略研究和减振器特性试验等，由于与企业结合紧密，且项目与实际应用相结合，所以，很好地激发了研究团队的技术攻关热情，一年来，贾老师穿梭于企业和学校，乐此不疲。他深有体会地说：

"企业的需求是最大的动力,这样的项目再辛苦都是快乐的。"

通过访问工程师项目,贾老师提升了科研和技术服务能力,发表了相关领域的核心论文4篇,其中一级期刊1篇;授权专利2项,申报发明专利1项;项目涉及车辆、磁流变体、磁路分析、流场分析和控制技术等多学科知识,通过项目整合多学科知识,提高了专业能力和教学能力,创新了课程内容和教学模式,教学效果显著提高。同时,也积累了生产加工制造和工艺等一线工程经验,提高了企业研发能力,为汽车半主动悬架新产品研发、应用和推广提供了技术储备,与企业建立了高度互信关系,合作项目得到了企业的肯定。

5. 以教育质量工程建设为载体,打造优秀团队

学院鞋类设计与工艺专业是以温州鞋类产业为依托的国家重点专业,该专业鞋类生产工艺和皮鞋结构设计两门国家精品课程于2013年转型升级为国家精品资源共享课,以重点项目建设为载体,打造了鞋类专业国家级教学团队。

鞋类设计专业在国家级重点专业和课程的建设过程中,非常重视师资队伍的建设,先后有5名专业教师赴西班牙、意大利和香港等地进行培训学习,派2名教师脱产半年在康奈集团、东艺鞋业等企业通过访问工程师的方式进行实践锻炼,同时还与国内知名企业的技术骨干、技术总监等结对开展技术创新和新产品开发。该专业还探索了"业师进课堂"的教学尝试,为该专业教师提供了良好的学习锻炼机会,教师成长和团队建设成效显著。在重视教师课程教学能力不断提升的同时,还重视教师科研能力的提升,根据温州地区鞋业发展需要,学院与香港科技大学联合成立了温州轻工产品舒适度中心,依托该中心开展了个性化鞋的设计与定制,专业团队水平得到了很大的提高。

以重点建设项目为载体,为教师提供更多的对外交流和多途径的实践机会,推动了教师教科研水平的提高。

(三)教师能力过关考核,全面提升教师综合素质

1. 过关考核的指导思想

为促进教师专业成长,全面提高教育教学质量,通过分类别、分层次开展专任教师教学能力过关活动,全面推进教师教学能力的提升和课堂教学水平的提高,学院实施了三年一轮的教师教学能力过关考核。

过关考核的指导思想是,以深化课堂教学改革为重点,以提高全校教师的教育教学能力为宗旨,以教师技能达标过关考核为载体,通过开展"三个一"的教学能力过关考核,加快青年教师教学能力的提升,促进全院教师转变教育观念,养练教学技能,凝练职业精神。

2. 过关考核的具体方案

时间为 2013 年 12 月至 2016 年 12 月，目的为通过为期三年的教师能力达标过关考核，提高广大教师的教育教学技能。

参加对象为中级及以下职称的专任教师；鼓励中级及以下职称的行政兼课教师参加。

符合以下条件的教师可免本轮达标过关：近三年的六次学期教学工作考核中，获得过三次及以上"一等"的教师；近三年获得学院"说课比赛"一等、二等奖的教师；近三年，代表学院参加"说课比赛"获得前六名的教师。

"三个一"达标考核项目的内容：做好一个单元教学设计、上好一堂课、说好一门课，简称"三个一"。

做好一个单元教学设计：按照学院课程单元教学设计模板设计教案，鼓励教师进行个性化的单元设计。要依据专业培养目标和课程教学大纲的要求，结合课程特点、学生的学习特点和教学实际进行编制，设计构思要新颖有创意，结构要完整合理。

上好一堂课：要体现以职业活动为导向，以能力为目标，以学生为主体，以项目为载体的知识理论实践一体化课堂。

说好一门课：要将对教学大纲的理解、对教材的把握与运用、教学过程中采取的教学方法手段，以及对学生学习方法的引导等一系列教学元素清楚地叙述和展示出来。

达标成绩评定。教师教学能力过关需要"三个一"活动的各项内容独立达标，不能互相冲抵，当学期未能达标的项目，可顺延单独考核。三个项目均合格后，可获得"浙江工贸职业技术学院教师教学能力过关合格证"。

组织机构。成立教学能力过关考核领导小组，主要职责是：全面负责过关考核工作，负责组织必要的讲座集中指导，制定组织方案和评价标准，抽查执行情况，组织过关评审，确定过关达标结果等。领导小组办公室设在教务处。

建立教学能力过关考核组织小组，由分院负责人和分院督导等组成。主要职责是：根据学院方案开展各项日常组织管理及帮扶指导工作。

高职所、院督导、教务处、各二级院（系）等配合组织此项工作。原则上，课堂教学考核由院督导牵头；单元教学设计由教务处牵头；说课考核由各院（系）负责组织，并将具体安排报领导小组审核，领导小组安排巡视人员指导说课过程，审定说课成绩。

组织及要求。接受"三个一"考核的教师，在规定期间内的每个学期初（具体时间学期初通知）申请，由所在院系汇总、审核后交教务处，由领导小组通过组织安排，并采取单元教学设计检查、随堂听课、说课比赛、个别访谈和学生座谈等方式进行达标考核，考核时间为申请达标的学期，期末公布过关名单。

奖惩办法。教学技能达标通过的，将颁发学院教学技能合格证书。将教师教学技能达标与各类考核、评优挂钩。教学质量考核、专业带头人、优秀教师等综合类荣誉评选，优先在达标过关人员中产生推荐人选。获得"合格证书"的教师，优先推荐参加高一级职称评审、定级、转正及职称聘任。各部门教师过关活动的组织及结果情况将作为部门负责人考核和部门考核的依据之一。

3. 项目评价

为进一步优化方案，提高效果，项目推行一学期后，学校进行了总结分析。

调研内容：为及时妥善解决过程中存在的问题，进一步了解该考核的被接受度、重视度和活动效度等，学院分阶段进行了调研。考核初期的调研内容侧重于宣传动员，解读内容；考核中期侧重于了解情况，解决问题；考核后期侧重于把握标准尺度，收集改进建议。

调研结果：参加过关考核的教师认为，这是一项真正触动内心的学习及教育，由被动参与到主动投入，再到"不怠慢每一节课"习惯的养成，教师的"从教观"在逐步升华。虽然压力比较大，但收获也很显著。分管过关考核项目的院督导、教务处和各院系组织者认为，虽然工作量大，但看到通过考核帮扶年轻教师的快速成长，也是乐此不疲，非常欣慰。同时，用人单位二级院系负责人认为，此项活动后，年轻教师的教学态度和教学效果明显提高，希望学院多组织类似的活动。

参考文献

[1] 贺星岳. 现代高职的产教融合范式 [M]. 杭州：浙江大学出版社，2015.

[2] 李璐. 现代职业教育若干问题研究 [M]. 北京：中国商业出版社，2016.

[3] 梁凌洁. 高职院校校企合作办学创新研究 [M]. 成都：西南交通大学出版社，2013.

[4] 林润惠. 高职院校校企合作——方法、策略与实践 [M]. 北京：清华大学出版社，2012.

[5] 米靖. 现代职业教育论 [M]. 天津：天津大学出版社，2010.

[6] 宋作忠，刘兴丽，洪亮. 地方应用型本科院校校企合作机制研究 [M]. 徐州：中国矿业大学出版社，2017.

[7] 颜彩飞. 高职院校校企合作机制创新研究 [M]. 长沙：中南大学出版社，2016.

[8] 吴和生. 高职院校产教融合模式的困境探析 [J]. 辽宁高职学报，2018，20（09）：10-12.

[9] 俞发仁. 产教融合背景下高职院校人才培养机制的构建 [J]. 开封教育学院学报，2018，38（09）：166-167.

[10] 杨柠. 基于产教融合的高职学生职业素养培育探究 [J]. 辽宁师专学报（社会科学版），2018（02）：80-81.

[11] 亢利平. 高职产教融合机制构建的问题与对策探析 [J]. 黑龙江教育学院学报，2018，37（05）：60-61.

[12] 蔡春红，冯强. 产教融合背景下高职院校关系资本的构建 [J]. 温州职业技术学院学报，2018，18（02）：37-41.

[13] 王慧勤. 如何实现高职院校的产教融合 [J]. 文教资料，2018（16）：131-132.

[14] 余志涵. 高职产教融合内涵与实施路径研究 [J]. 纳税，2018（17）：241.

[15] 王琛. 高职产教深度融合的创新与实践 [J]. 中国高校科技, 2018（07）: 59-61.

[16] 刘少阳. 高职教育的产教融合文化机理研究 [J]. 课程教育研究, 2018（30）: 10.

[17] 杨波, 戴飞. 基于产教融合的高职创业教育机制研究 [J]. 产业与科技论坛, 2018, 17（15）: 192-194.

[18] 张晓燕. 产教融合背景下高职院校技术型人才的培养路径探析 [J]. 信息记录材料, 2018, 19（10）: 135-136.

[19] 李春. 深化产教融合工学结合人才培养模式改革是高职院校发展之路 [J]. 商丘职业技术学院学报, 2018, 17（03）: 57-60.

[20] 王勤明. 产教融合视域下高职院校深化校企合作的几点思考 [J]. 河南农业, 2018（18）: 4-5.

[21] 韩鸥. 试析高职院校产教融合教学模式长效机制研究 [J]. 黑龙江教育学院学报, 2018, 37（06）: 57-59.

[22] 成立平, 刘春艳. 实训基地产教融合人才培养路径探究 [J]. 职教通讯, 2018（12）: 56-59.